JN022802

投資
女子

深田彩乃
Fukuda Ayano

あなたにとって、お金とは何でしょうか？
生活に必要なもの？
好きなものを買ったり、旅行に行くための道具？
リッチで贅沢な理想のライフスタイルを叶えてくれる夢のような存在？
それとも、多すぎると身を滅ぼす恐ろしい魔物？
人によって、お金に対する価値観はさまざまだと思います。

私にとって、お金とは選択肢の幅を広げてくれる手段です。

お金があれば、飛行機でエコノミークラスに乗ることもできれば、ファーストクラスを楽しむこともできる。ランチを５００円で済ますこともできるし、３万円のフルコースを食べることもできる。健康保険内での医療だけで終わらせることもできるし、高額な高度医療を受けることもできる。

お金があることによって、人生における選択肢やそれによりできる経験の幅も数も増え、結果として、心のゆとりや自由も手に入れることができます。

私のインスタグラムには、毎日のように多くの女性からＤＭが送られてきます。

「男性に頼らず、自立した女性になりたいです」
「お金に縛られず、女性らしい華やかな人生を送りたいです」
「もっと自由な生活をしたいです」

見えない将来の不安から抜け出して、女性としてもっと豊かに自由に生きたい、という強いエネルギーが伝わるメッセージをたくさんいただきます。じつは、私も会社員時代はこういった悩みや不安、そして願望を抱いていました。

しかし、この2年間でその悩みは解消され、「自由になりたい」という願望も実現することができました。

私は現在、投資をして、その配当で生活をしている投資女子です。

投資額は2年で1億5０００万円を超え、２０１8年4月に会社を設立して、1年目は年商1億2０００万円、2年目の決算が間近ですが約2億円で着地予定です。２０２０年、新型コロナウイルスの影響も受けつつも、私の投資は順調に推移し、経営する会社も右肩上がりに成長しています。

私の投資がうまくいっている理由は、ひとつの分野にとらわれず、分散しているから。

私はいくつかの飲食店に投資をしていますが、テイクアウト専門店は過去最高の収益を出しました。反対にイートイン形式の店舗は大打撃で、２０２０年4～5月の売り上げは通常営業の半分以下の大赤字。飲食店だけで見ても、明暗がはっきりしてしまったこのコロナ禍。でも、焦りはありませんでした。なぜなら、私は常に最悪な状況を想定してリスク分散のためにも、飲食店に限らず、さまざまなジャンルに投資をしているからです。

　私は、投資先を収入を得るための柱としてイメージしています。何十カ所と柱をつくり、どこか1本の柱が折れそうなら、その柱を自ら折って、新たに柱を10本つくればいい。ちょっと強引かもしれませんが、そういう考え方で投資をしています。

　新型コロナウイルスが騒がれ始めた当初は先の見えない状況下でしたが、周囲の声やメディアの情報を遮断して、自分の信じた方向に向かって決断と行動を繰り返しました。結果、2020年は前年よりも投資先を増やすことに成功し、日々、私の選択肢は広がり続けています。


　人間って、環境が変わると考えや行動も変わるものです。逆もしかりで、考えや行動が変われば環境も変わっていきます。私が行動を変えてから、不思議といい出会いに恵まれ、お金の仕組みを教えてもらったり、自分で実践を重ねたりして、どうやってお金持ちがお金を生み出しているのか、その仕組みがわかってきました。

今では女性投資家として総資産9桁以上を築き、今後も着実に増えていく見込みです。


このように、今では自由な生活を手に入れた投資女子な私ですが、たった5年前までは年収400万円の普通の会社員でした。


特に不自由もないけれど、特別な満足感もない。「このままでいいのかな？」とつい自問自答してしまうような少し味気のない毎日。でも、私は当時から、周りの女性よりも強く意識していたことがあります。

それは、「なりたい自分」を明確にイメージして、それに向かって行動し、実現させるということ！「これだ！」と目標を決めたらしっかり狙いを定める。

そして、チャンスが来るのを待つのではなく、自ら好機を起こし、結果をつかみ取りにいく！ということを心掛けていました。

そのいい例が結婚です。20代はいろいろな方と楽しいお付き合いをしてきましたが、28

歳のとき「30歳までには結婚する！」と決断。決めてからはとにかく行動しまくり、その半年後には婚約しました。29歳で寿退社し、セレブ婚を叶えました。結婚して専業主婦になり、私の華やかな生活は雑誌にも取り上げられ、セレブの友達に囲まれ、欲しいものは何でも買える。何不自由なく暮らせ、望んだことはすべて叶うような生活でした。

しかし、突然の離婚。

円満な家庭を築いていたのに、私たちは第三者から突然引き裂かれました。その幸せな結婚生活はたった2年で終止符を打たれてしまったのです。

当時、自立とはかけ離れた生き方をしていました。専業主婦だったから、経済的にも一人では生きていけない状態。夫に頼りきり、安定した生活に安穏として、貯金もまともにしていませんでした。

そのときはじめて、私は他人に依存した生き方をしていたんだ、と気づきました。離婚して、残されたのは、〝何もない一人のアラサー〟。

「婚活するか？　就活するか？」

選択肢はたったの2つでした。

周囲からは、「再就職して、また素敵な男性と結婚したらいいじゃない、それが女性の幸せでしょ」とも言われましたが、そのすべてを拒否。**私は別の選択をしました。**

「自分でお金を増やして、女性として自立して生きていく」そう決断したのです。

当初は、不本意に突然離婚をさせられ、その悲しみと怒りのエネルギーで「自分の力で、これまで以上の豊かさを手に入れてやる！」という意地みたいなものもありました。世間でよく言われる「好きなことでお金を稼ぎたい」とか、「やりたいことをやりたい」とかは、もはやどうでもいい！

自分の目標は【お金を増やす】ということに一点集中させました。

そのために、まずは環境を変えました。渋谷区の家賃40万円の部屋から、1Kの代々木のマンションにお引っ越し。部屋にあるのはベッドとテーブルのみ。余計なものは一切置かず、朝起きたら投資の勉強。集中力が切れたら気分を変えて駅前のチェーン店のカフェに行き、営業終了時間までひたすら投資の勉強に没頭する毎日でした。リッツカールトンホテルのラウンジで優雅に友人とアフタヌーンティーをしていた生活は、もはやありません。生活のすべては投資中心。娯楽も贅沢もない暮らしを送りました。

元手は、会社員時代に投資していた500万円の社債が満期を迎えてプラスになって戻ってきたのと、独身の頃のちょっとした貯金、それから手持ちのブランド品を売り払ってつくったお金でした。

「セレブ婚なら多額の慰謝料があるのでは？　それを元手にしたのでは？」

そう思われがちですが、当時の私の目標は慰謝料を手にすることではなく、投資でお金を増やすことでしたので、そこには執着しませんでした。だから投資の元本には一切使っていません。

本当に知識ゼロからのスタートだったので、投資を始めてからは騙されることもありましたし、怪しい案件に手を出し、怖い思いをしたこともありました。当時を振り返れば、私は知識の浅いカモ女。本当の投資家に相手にされるはずもありません。わずか半年で数百万円が消えてしまいました。普通なら気持ちが折れて諦めかけてしまうような状況だったかもしれません。でも、先述した通り〝なりたい自分〟をイメージして、つらくても怖くても歯を食いしばって、ノーブレーキで前に進んでいきました。

なぜなら、私にとっては、現状のままでいるほうが、誰かに依存して生きていく人生しかないほうがすごく怖かったから……。

がむしゃらに走り続けた結果、それから数年で生活はガラリと変わりました。今では、私が一切働かなくても、お金が、福沢諭吉さんが働いてくれています。離婚したとき、2つしかなかったとは思えないほど、人生の選択肢を増やすことができています。

将来が不安だった会社員時代、他人に依存していた専業主婦時代を経て、今では、何ものにも縛られない選択肢の多い自由な人生を送っています。

冒頭から「お金、お金」と連呼して気分を悪くされた方もいるかもしれません。日本人は、「お金＝汚い」という概念をお持ちの方も多く、お金の話をしてはいけない、と拒否反応が出てしまう方も多いよう。人生はお金がすべてではありませんが、お金に愛されるためには、私たちの幸せの一部はお金の上に成り立っている事実を認めなければなりません。もっと金融リテラシーを高めるべきなのです。

世の中には「お金持ちになりたい！　豊かになりたい！　自由になりたい！」と思っているのに、自らお金持ちになる選択を放棄してしまっている人がたくさんいます。今ある世界はすべてあなた自身が創り出しているもの。どんな目標を持つのもあなたの自由です。もしその願いが叶わないことがあるのなら、それはあなたのせいでしかありません。

だって、目標は逃げないのだから。逃げているのはいつだってあなた自身なのです。

本書を通して、あなたの「苦労しないとお金は手に入らない」「お金持ちになるのは大変」という固定観念を覆せるといいなと思っています。働くだけがお金を稼ぐ手段ではありません。投資は必ずやあなたの味方となってくれるはずです。

かつておとぎ話のプリンセスは受け身で王子様が来るのを待っていましたが、現代のプリンセスたちは自ら動き、自分の望む幸せを手に入れるという姿で描かれます。今を生きる女性も、自ら望み行動すれば、自分自身の手でシンデレラストーリーを叶えることができるのです。過去の行動が今のあなたをつくっています。つまり、今これからの行動が未来を変えてくれるのです。

どんな女性も輝く権利と資質を持っています。

一緒に、一度きりの人生を思い通りに生きるために動き出しましょう♡

はじめに　3

あなたのお悩み、「お金」が解決します！　22
お金を増やしたいなら苦手意識を手放そう！　33

成功したいなら、人と違うことをしよう　41
失敗を恐れることがそもそも「失敗」　48
時代遅れの価値観はサクッと脱ぎ捨てよう！　52
本当にあなたが欲しいのは「お金」よりも「幸せ」　57

投資＝リスクが高い、と洗脳されている日本人　66
貯金さえあれば安心、は昭和の価値観　72
投資はお肌のケアと同じ 数十年後に差が開く　78

ＯＬも主婦もみんなチャレンジする時代 82
投資に向いているのは男性よりもアラサー女子 88
マイクロシフトが人生を変える 94

Chapter 03

投資女子マインド
5つの心得

心得①「失敗したからやめる」はタブー 100
心得② なるべきはお金の主人 107
心得③ 年齢や常識は気にしない 112
心得④ 環境を整える 116

心得⑤ リスクをとる 121

Chapter 04 知っておきたいお金の新常識

貯金も年金も投資のひとつではある 126
最低限知っておきたい保険の種類とカタチ 132
トレーダーは投資家ではない！ 138
苦手なことは無理しない プロの力を上手に借りる 144
会社員、起業家、投資家、目指すべきはどれ？ 147
ファイナンシャルリテラシーの磨き方 155
元手ゼロで今すぐできる賢い資産の使い方 160

分散投資で生まれる心と生活の余裕 166
夢を引き寄せる【実践マネー講座】 170
投資女子の家計簿は支出を3つに分ける 176
家計簿シート 182
ワークシート 184
目標を最速で叶えたいなら 186

Chapter 05
人生を豊かにするお金の使い方

お金を手に入れてはじめて気づいたこと 192
与えよ、さらば与えられん 196

お金持ちを経験してはじめて得られるもの 202
お金がある喜びを最大限に感じる方法 208
おわりに 212

Chapter 01

いかにして幸せに本当の豊かさを手に入れる

なぜみんな、一番根本的な解決策を取ろうとしないの？

私は定期的にお茶会を開催しています。参加者の方は、ほとんどがアラサーもしくはアラフォーの女性で、みなさんいつもさまざまな悩みを相談してくださいます。

「将来が不安で、転職したいけど、うまくいきません」

「結婚したいけど、理想の相手に巡り合えません」

「夫婦仲が悪いです」

「いつまでもキレイでいたいけど、どうやってケアしたらいいですか？」

「彩乃さんのように優雅な暮らしをするにはどうしたらいいのでしょう？」

悩みのバリエーションは多種多様。

でもね、私からの回答はこのひと言に尽きます。


「もっとお金を増やしたら、あなたの選択肢は広がって、悩みは解決します」


結局のところ、女性の悩みの99パーセントはお金が解決してくれると思うんです。それこそ、お金でどうにもならないものといえば、「治療法が見つかっていない難病を治したい」とか「死んだ人を生き返らせたい」くらいではないでしょうか？

お金が関係しそうにない悩みも、根本を辿れば、お金に起因することが往々にしてあります。

例えば、私くらいの年齢の方によくある悩みといえば、恋愛に関係するもの。

「結婚したいけど、理想の相手に巡り合わない」というお悩みは誰もが一度は抱いたことがあるのではないでしょうか？

この悩みも一見、恋愛の相談に見えますが、じつは根本的な原因はお金なのです。

なぜなら、女性にとって、結婚相手に求める条件の上位が年収だから。私は以前、結婚相談所を主宰していたので、結婚したい女性をたくさん見てきましたが、99パーセントの女性はお相手の年収を気にします！　そして年収の理想を下げられない方がとにかく多い。

「年収１０００万円以上じゃなければ、結婚自体しなくていいです」

「どれだけ下げたとしても６００万円は譲れません！」

そう言われたのは数えきれないほど。

そして、そういう方のほとんどは、「自分がたくさん稼いでいるから男性にも同じ能力を求める」のではなく、「自分の年収が低いから男性に経済力を求める」のです。

仮に、自分が年収1億円、資産1億円だと仮定してみてください。

結婚相手に経済力を求めるでしょうか？　年収４００万円か８００万円かと額を気にす

るでしょうか？　きっと、ルックスであったり、性格の相性であったり、価値観が合うかどうかといった、人生を共にする上で重要視する部分を気にかけると思います。相手に経済力を求めるがゆえに、本当はとてもよいお相手かもしれないのに、スルーしてしまう。それで、理想の結婚ができないと嘆いているのです。とてももったいないことですよね。

夫と別れたいとき、新しい人生を始めたいとき「お金」が味方になる

「夫婦仲が悪い」という悩みにしても、その原因はお金に端を発するものが多い印象です。

「たいして稼ぎもしないのに、子育てを手伝ってくれない」

「家計を顧みずに夫が浪費ばかりする」

「生活費がカツカツで、おしゃれや美容にお金をかけられなくて悲しい」

そんな不満は、お金さえあれば解決できる悩みではないでしょうか？

ベビーシッターや家事代行サービスを頼めば、旦那さんが手伝ってくれなくても、ゆっ

くりする時間やヘアサロンやショッピングに行ける日をつくり出せます。貧すれば鈍するなんてことわざがありますが、本当にその通り。家計の心配や生活費のやりくりばかり気にしていると、イライラが募り、必要以上にパートナーに対して腹を立てたくなるのでしょうね。イライラして旦那さんをないがしろにしたり、夫婦のすれ違いが起きたりするようになると、男性はえてして浮気に走ります。

もちろん、すべての夫婦間の悩みがお金に原因があるとは限らないでしょう。

もし、性格や価値観の不一致に折り合いがつかず、どうにも仲を修復できないとなったら、別々の人生を選択するほうが幸せです。そうしないのは、たいてい「私だけの収入だと子供たちを養えない」「私一人で生活するのは厳しい」から、という経済問題。

結局のところ、夫や家庭に関する悩みもお金のゆとりがあれば解消できるのです。

お金は良好なパートナーシップを支えてくれ、いざ本気で別れようと考えたときの心の安心材料にもなります。

美しさや若さだってお金で買えます。私の周りの女性経営者、セレブな奥さまたちはみなさんきれいで、芸能人と並んでも引けを取りません。「美容に毎月１００万円かけている」と言う友人もいます。

今の時代はかつてないほど美しさを保つ手段がたくさんあります。美容医療技術はどんどん進化していますし、エステの機械も性能は上がるばかり。パーソナルトレーニングを受けられるジムも、美容によい漢方やサプリも山ほどあります。美容と健康にいいオーガニック野菜や、産地や製法にこだわった調味料は、普通のスーパーで並んでいるものより何倍も高価ですが、体の内側から美しさや若々しさを引き出してくれます。

お金をかければ、若々しさもシミひとつない美肌も、スリムで健康的な体も手に入れることが可能です。そこにかける費用が少なくなると途端に、「痩せない」「老けてきた」「もっときれいになりたい」といった悩みが出てきてしまうのです。

「命」ですらお金で買える！

美と若さと同様に、命すらお金があれば手に入ります。

「日本の未来はアメリカを見ればわかる」と言われますが、アメリカでは福祉も医療も、健康、教育、若さすらもお金さえあれば全部手に入ります。現に、アメリカの新型コロナウイルスによる死者の多くが貧困層。お金持ちで死んでいる人はごく一握りです。

地獄の沙汰も金次第なんて言いますが、本当に私たちの命も人生もお金さえあればたいていのことは叶えられます。高額でも精度の高い人間ドックを受けたり、金額を気にせずに高度な治療ができたりすれば、命すらも限りなく引き延ばせるでしょう。

私が20代の頃に出会った富裕層の方々は、みなさん医療にお金をかけていました。入会金が数百万円もする会員制の医療サービスを受けている人も多く、当時、会社の健康診断くらいしか受けていなかった私は「そんなにお金をかけるの！」と驚いたものです。しかし、自分が会社を率いることになった今では、私も医療にお金をかけるようにしています。

私が倒れてしまうと、スタッフや関連会社の方に迷惑が出てしまいますし、体調不良だと仕事のパフォーマンスが落ちてしまいます。体の調子が万全であれば、生み出せるお金は健康維持にかけるお金の何倍にもなります。

健康は失ってからでは遅いので、とにかく健康第一を意識しています。

結婚や美容、健康以外にアラサー・アラフォーの女性のお悩みとして大きいのが、転職やキャリアアップではないでしょうか。私も20代のときに将来のことを考え、転職を経験しています。

「独立したい」

「今の会社で働き続けていていいのか不安。転職したほうがいいのかな」

「この収入で将来ゆとりを持って暮らせるのか心配。スキルアップしたい」

誰もが一度はそんなことを考えたことがあるはずです。そうした気持ちも掘り下げてみれば、「今の給与に不満がある」という点に尽きるのではないでしょうか？

「そんなことはない！」と思う方はぜひ一度考えてみてほしいのです。その悩みは、今あなたの手元に1億円あっても解消されませんか？　やりがいのある仕事をしたい、天職を見つけたいという希望も、お金のゆとりさえあれば臆せず挑戦できるはずです。

お茶会で話をしていて感じること、それはチャレンジする前に悩む方が多いということです。やってみて、うまくいかなくて悩むのではなく、やってみるかどうか自体を悩む。まずやってみたらいいのにと思うのですが、「失敗したら生活できないかもしれない」「やるならまずお金を貯めなくちゃいけない」と結局、みんなお金が足りないゆえに悩んでいると感じます。

目標はひとつ、「お金を増やす」こと！

個別に悩みを解決しようとあれこれ努力するのもいいですが、私に言わせれば、**まず「お金を増やす」という決断をするのが、もっとも効率的で根本的な解決策なのです。**

逆に言えば、「転職も」「結婚も」「ダイエットも」といくつも目標を持つから叶わない。たったひとつ、シンプルに「お金を増やす」ことを目標にすれば、芋づる式に問題が解決していくと思いませんか？

おそらく、世の女性の大半は自分がお金持ちになれるとは考えていないのでしょう。だから「お金を増やす」という根本的な解決策は置き去りにされて、それ以外の方法で何とかしようと四苦八苦しているのだと思います。婚活で相手の年収が気になるのも、自分だけではお金持ちになれないと感じているから。

でも、そんなのはただの思い込みだと知ってほしいのです。

実際に私の周りには、普通の会社員だけど投資をすることでお金のゆとりと選択肢を手に入れた方がたくさんいます。

「結婚できないし、今の会社に勤め続けるか悩むし、将来がとにかく不安だし、人生の迷子です」と悩んでいた方がいましたが、彼女は投資を始めて、お金が増えることで安心と自信を手に入れました。お金への漠然とした不安がなくなったことで、自分に言い訳してしまう習慣がなくなり、「変わりたい」という思いに寄り添えるようになったのです。そして、日々忙しいなかでも以前とは比べものにならないほど積極的に行動できるようになりました。その結果、高年収の男性と結婚し、赤ちゃんにまで恵まれました。今は港区の素敵なマンションで家族仲よく幸せに暮らしています。

まさに、「お金を増やす」という目標にフォーカスしたことで、すべての悩みを解決できたと言えるのです。

お金がすべてではありませんが、人生のターニングポイントではお金が必要です。これがこの世界の原理原則。その現実を認めないと、何事も制約の多い人生になってしまう。反対にその現実を認めてお金を増やすという決断をすれば、あなたの選択肢と可能性は無限に広がり、悩みや不安は自然と減っていくはずです。

お金を稼ぐことが大変・難しいという思い込みを壊そう

これまでのお話から、まずは「お金を増やす」という目標に向かえばいいと、わかってもらえたのではないかと思います。それでも、お金をなかなか増やせないという声をよく聞きます。

「お金を望んでいるのに、どうしてお金持ちになれないのか」

私もずいぶんと考えましたが、友人の話を聞いて気づいたことがあります。それは、望んでいてもお金を得られない方の共通点として「お金を手に入れるのは大変」という思い込みにとらわれてしまっているということ。

あなたはお金を稼ぐこと、増やすことについてどんなイメージを持っていますか？

もし「大変そう」「努力しないといけない」「自分には難しい」といった感想が出てくるのであれば、まずはその先入観をアップデートする必要があります。

私の友人に、脳の使い方をマスターしたことで、数店舗のエステサロンを経営し、全国で１００を超える代理店に自身が開発したメソッドを教えている女性がいます。その彼女に聞いたのですが、私たちの脳は自分自身を苦しめることは避けよう、幸せでラクなほうに持っていこうとするそうです。

ダイエットがなかなか続かない人は「食事制限はつらい」「運動が面倒」という思い込みのせいで、脳がその〝不幸〟を避けようとして、つい甘いものを食べたり、ゴロゴロしたりしてしまうというのです。

お金を苦手なものから「好きなもの」に変える

お金を増やすのにも同じことが言えます。

お金を稼いだり、増やしたりすることに対してネガティブなイメージを持っていると、脳はやる気を出してくれないのです。なので、まずは自分の脳に「お金を増やすのは簡単」「お金は私をもっと幸せにしてくれるいいもの」「稼ぐのは楽しい」と言い聞かせ、お金へのイメージをよいものにするアップデート作業をする必要があります。

アップデート方法としてオススメなのが、こちらの2つです。

①「お金を増やすのは簡単」と思っており、実際にお金が増えている人と交流し、脳に「本当にお金を増やすのって簡単なんだ」と思わせる

②小さいことでいいので、自分自身でお金を生み出してみる

いらないものをフリマアプリで売って、1000円でも手に入れてみてください。経験したことのない方法でお金を稼いでみることで、脳に刺激が与えられます。少額でもいいし、たった一人でもいい。とにかく自分の内にある**お金の常識やイメージ、思い込みをポジティブに変えるようにしてみてください。**

私はお金に対して苦手意識がまったくありません。それはおそらく、専門学校に通っていた10代のとき、副業でやっていた転売ビジネスが関係しているのだと思います。服飾系の学校に通っていた私は、洋服もおしゃれも大好き。もちろんお買い物も大好きで、週末になるとよく洋服を見て回っていました。

そこでハッと思いついたのです。おしゃれに敏感な地方在住の女の子たちは、みんなわざわざ交通費を払って原宿までやってくる。それなら、ネットで買ったほうが早いしラクじゃない？　と。

当時は、まだガラケーの時代でネット通販も発達していませんでした。そこで私は、地元の若い女の子たちが欲しがりそうなものを都心で買いつけて、ネットで販売することにしたのです。

するとそれは面白いように売れて、毎月の収入が50万円、70万円、100万円とどんどん増えていく……。時給で考えたら数万円の世界。1年生の夏休みには、学費も生活費も親に頼らずにすむようになり、「お金って学生でもバイト以外で稼げるんだな」と実感しました。その経験があってか、私にとってお金を稼ぐことも増やすことも「簡単で楽しいもの」というイメージになりました。

お金を増やすために資格を取るなんてコスパが悪い

「お金を増やしたらいいよ」とアドバイスをすると、多くの女性が「資格を取ってビジネスを始めよう」とか、「副業のノウハウを学びにスクールに通おう」と思うようですね。

その発想になるのは、先ほどお伝えした「お金への苦手意識」があるからではないでしょうか。そのままの自分ではお金を稼げない、稼ぐためにはスキルを身につけないといけないという思い込みがあるのだと思います。

はっきり言いますが、資格を取ってビジネスをしようとする人で、うまくいった人を私は見たことがありません。成功者は「資格を取ろう」という発想に至らないからです。むしろ自分で「資格を生み出す」のです。そもそも誰が一番儲かるかといえば、もちろんその資格を出している人・会社なのです。

私の周りにもそういった経営者の方が何人かいますが、みなさん、ご本人は資格を持っていません。でも何か新しい資格やカリキュラムを生み出し、その資格取得のためのレッスンやスクールを運営して成功しています。経営者やビジネスをしている人以外でもそういった方はたくさんいます。

インスタグラムやブログランキングを見てみてください。資格に関係なく、素敵なコーディネートをインスタグラムでアップし続けて、ブランドとのコラボ商品を出している人。お弁当の作り方をブログで発信することで、人気となりメディアに出ずっぱりという人なんてざらにいますよね？

結局のところ、資格の有無はお金を生み出せるかどうかには関係ないのです。私も転売ビジネスで稼ぎましたが、資格も取っていなければ、どこかのスクールに通ったわけでもありません。まずは自分でやってみて、感覚をつかみ、ブラッシュアップして、またやってみる。ただそれだけです♡

行動とマインドを変えれば、資格がなくてもお金を生み出すことができるのです。でも、みんな資格ビジネスの会社に洗脳されているかのように、「資格さえあれば変われる・稼げる・成功できる」と思い込んでしまっています。あなたはただ自分自身に自信がないから、資格という安心を買っているだけではないでしょうか？

資格を取るのが趣味であればいいのですが、「稼ぎたいからこの資格を取ろう」と考える方は、今すぐその考え方を捨ててください。それが成功への近道と断言できます。資格を次々と取るなんてもってのほか。お金を払って副業を始めようというのも同様です。コロナの影響で在宅ビジネスをしようとする人が増えた昨今では、何十万円も払って副業ノウハウを得ても、競合が多すぎて最初に支払った費用をペイすることができないことも往々にしてあるようです。

お金を増やそうとして、結局お金が減ってしまうのは本末転倒ですよね。いくら考えてもアイデアが出てこない、やり方がわからないという方は、スクールや資格講座に通うのもいいと思います。ただ、通うからには「最初に支払ったお金の元を取るまでやめない」というのを心がけてみてください。

資格やセミナーに過度な期待をしている方は、ちょっとやってみてうまくいかないと、「追加で受講しよう」とか「別のスクールに通って違う資格を取ろう」という発想に至るようですが、これが一番ダメ！

副業でもビジネスでも資格でも、やるからには支払った金額をペイするまでやめない。どうしたら元が取れるか、採算が合うかを考えて努力する。そうしてペイができたら次に進むというふうにしてみてください。

それだけであなたの意識とスキルはぐんと伸びるはずです。

人と同じことをしていたら
みんなと同じ結果しか手に入らない

副業や資格ビジネスなど、世の中にはたくさんのお金を得る手段がありますが、離婚して絶望した私が、お金を得る手段として選んだのが投資です。

会社員になるという道もありましたし、友達からは「またお金持ちの方と結婚したらいいじゃない」と言われたりもしましたが、私は「とにかく自分の力でたくさん稼ぎたい」という気持ちが強かったので、投資でお金を増やそうと思い立ちました。

投資を選んだ理由に「過去に少しやって、うまくいっていた」というのもありますし、先述の通り、お金をたくさん得ることや投資に対して悪いイメージがなかったのも大きいとは思います。

でも、**一番の決め手は「周りの女性があまりやっていないから」**。

よく言われることですが、人がやることと同じことをしていたら、いつまでたっても成功はできません。なぜって、世の中の大部分の人たちは成功者ではないから。その成功者じゃない人と同じ行動をしていたら、当然、成功者にはなれませんよね。

私がはじめて投資というものを経験したのは、会社員時代のこと。勤めていた会社が社員向けに発行していた社債を購入したのが最初でした。ちょっと不安だったけれど、会社は順調に成長していたし、なかなかの高利率だったので、当時の貯金の全額500万円を突っ込みました。

周りの同僚のほとんどは手を出さず、ましてや貯金の全額を突っ込む人なんて皆無(笑)。

今はひとつの投資商品に集中させず、分散して投資するのが賢い方法だと知っていますが、当時はそんな知識もなかったので、はたから見ると無茶苦茶に見えたかもしれません。でも、会社が成長すると思っていましたし、役員や会社の上層部の方がやっているのを見て、この投資はうまくいくと予感していました。この投資のおかげで毎年数十万円が手に入り、のちに本格的に投資を始めるときの元手にすることができました。

2017年3月頃に暗号資産が話題になり始めた頃、私も興味を持ちました。目をつけたのは決して早いほうでもなかったです。それに、周囲には「怪しい」「リスクが高すぎる」と言う人がたくさんいました。でも、暗号資産に未来を感じた私は、数十万円から、徐々に数百万円を投資。

私が決めていたルールは「知人たちが話題に出し始めたら手を引く」というもの。2017年の秋頃にはメディアでも騒がれ始め、結果、元本から10倍以上に増え、世間がお祭り騒ぎになった頃には売却。それものちに行う投資の元手になりました。

当時はまだ投資の知識はなく、ただ人と違うことをしたまでです。

私の人生は私が決める

私は昔から人の話は聞きません。人のＳＮＳも見ないし、相談もめったにしない。人から「やめといたほうがいいよ」と言われても、自分がいいと思うならシレっとやり続ける、そんな女です。

もちろん、迷ったときは、その道で結果を出している人の話を聞くこともあるけれど、いただいたアドバイスは自分自身でしっかり考えてから結論を出すようにしています。鵜呑みにしたりはしません。

先日、新しい店舗を出すプロジェクトがあって、その話を既存店舗でしていたとき、「私もやりたいです‼　親に聞いてみます！」と言うアルバイトスタッフの女の子がいました。きっと、彼女は本当にやる気があったと思うのですが、私のなかでは危険サインが発動。

もう20歳を超えた大人なのに、親に聞くの？　もしかしたら断る言い訳だったのかもしれませんが、親御さんを出すのは違うよねと思ったのです。

これほどたくさんの選択肢がある時代に、親が敷いたレールにいつまで乗っているのでしょうか。もし親がお金に苦労しているならば、お金のことを親に相談する意味はあるでしょうか。

反対する人たちは、成功したことがない人たち。自分がやったことがなくてよくわからないから反対する、自分が失敗したから過去の経験から話をする人なのです。人間の脳は、よくわからないことを拒否するようにできているのです。

だから、**自分だけで悩んでも過去の自分を超えられないので、相談するときは、必ずその道の成功者に相談する。**

これがマイルールです。

他人がどう思うかは考えてもムダ

考えてみれば、私は昔から人と同じことをするのも苦手なら、人から言われてするのも苦手でした。幼稚園の頃から親が選ぶ洋服を拒否して自分の好きな服を着ていましたし、それが派手で周りから浮いていても全然平気。昔から「変わってる」「自由な人」と思われていました。その点では私のことを否定せず、やりたいようにやらせてくれた両親に感謝しています。

投資で成功しようと考えたとき、このマインドが大いに関係していると思うのですが、でもこの気質、「我が強い」とか「独りよがり」と、周囲からは悪く捉えられることもあるんですよね。

だけどね、**実際のところ人からどう思われるかなんて考えるだけムダ。**

自分のことはコントロールできても、他人のことはコントロールできません。だから、人からどう思われるかを気にしても仕方がない。

大事なのは、人がどう言おうが自分の行動は自分で決めるということ。

投資をするにしても、ビジネスをするにしても、周りの人が反対したり批判したりしてきても、気にしなくてもいいのです。だってその人たちはあなたの人生に何の責任も持ってくれないのだから。

自分の人生の責任は自分で持つ。だから私は我が道を貫くと決めているのです♡

失敗を恐れることがそもそも「失敗」

行動しないことに比べれば失敗のほうが100倍マシ

「やることなんでも成功しますよね」と言われることがたまにあります。おっしゃる通り、私が失敗を感じることはあまりありません。理由は単純。それは、成功するまでやり続けるから。

物事が進むなかで「これは進むべきではない」と判断すれば、方向転換をすることもあるし、プロジェクト自体をストップすることはあります。

でも、やると決めたことは何があってもやり遂げる。そして目標設定をしたら、バックギアなしでひたすら前進。単純で簡単なことを繰り返しているだけなのです。だけど、99パーセントの人はそれができません。なぜなら、一度の失敗や人の意見に左右されて、その行動をやめてしまうから。

私には失敗したからやめようというマインドはありません。「行動して失敗する」のと「行動しない」ことを比べれば、圧倒的に後者のほうがデメリットが大きいからです。

例えば、前述した10代の頃の転売ビジネス。よく言われたのが、「売れなかったらどうするの?」という言葉です。いやいや、売れなくて「これ以上進むべきでない」と判断したなら、やめればいいだけです。それでも何とかなる。

でも、**「やってみよう」と思うなら、うまくいく方法を考えてトライ&エラーを繰り返す。**そうしたら段々うまくいくようになるものです。行動しなければ1円にもなりませんが、行動すれば成功する可能性が生まれます。うまくいく方法を考える必要はあるけれど、どう考えても行動するほうがメリットが大きいでしょ?

あなたの失敗はあなただけの財産

失敗はどんなスクールでも学べない、あなただけの経験です。私は、失敗の経験以上に学ばせてくれるものはないと思っています。**つらい経験、悲しい経験は、レバレッジを効かせて上に突き抜けるための原動力にもなります。**

私に言わせれば、みんな失敗を恐れすぎ！　どんな一流トレーダーでも、1回も失敗せずに儲け続けられる人なんて存在しません。失敗したらそれを糧に、次は失敗しない方法を考える。そうやって継続していかなければ、成功なんて、とうてい無理です。

人によっては、「失敗が怖い＝女のプライド」という側面もあるかもしれません。女性は共感の生き物と言われますが、裏を返せば「同調」の生き物にも早変わりします。周りからどう思われるのか、いつだって他人の目を気にしてしまう。だから失敗したくない。

安全志向の女性は「投資？　そんなのに手を出して大丈夫なの？」と眉をひそめがちです

から、その意向に逆らって失敗したら、「それ見たことか」と言われてしまう。

だけど、前項でも述べたように、**人からどう思われるかなんて関係ありません。むしろ行動しないリスクを考えるべき。**あなたはそんな無意味な同調からは脱皮して、「もし失敗しても、それ以上の結果を出せばいいだけ」というおおらかな姿勢と、結果にコミットするというマインドを養ってください。

うじうじ悩んでいても時間は巻き戻せません。ならば、早く立ち上がって前に進むのが成功への近道です。

え、そんなにすぐは切り替えられない？

気分が上がらないときは、外からのアプローチで気持ちを切り替えることができるんです。科学的にも証明されているから、もし失敗したと感じて、落ち込んで悩んでいる時間があるなら、赤いリップをつけてお気に入りのヒールを履いて外に出てみましょう。赤は女性を強くしてくれる色ですよ♡

自分を縛る価値観から脱却すれば一皮むけた自分に出会える

私は2019年に、世界でもトップクラスと呼び声の高いスイスの有名なボーディングスクール5校を視察してきました。ボーディングスクールとは、寄宿学校のこと。両親や家族と離れ、寮生活において学業だけでなく心身共に修養し、規則、礼儀、自立心、コミュニケーション能力を養成する学校で、イギリスのウィリアム王子の長男ジョージ王子が3歳で入学したことでも話題になりました。

私は現在、結婚も妊娠もしていないのですが、いざ妊娠してから視察に行くのは大変だろうと、独り身の気楽な今、ボーディングスクールを視察しようと思い立ったのです。

余談ですが、私はすでに老後の生活を考えて、高級老人ホームをいくつも下見しています。周囲からは「気が早い」「生き急ぎすぎ」と突っ込まれますが、何事も早め早めに確認したい性分なので、将来自分がどんな状況でも、選択肢を広げるためにボーディングスクールも先に見ておきたいと思ったのです。

想像を超える世界を知る

視察して驚いたのはその教育レベルの高さ。本当に日本の学校とはかけ離れていました。

例えば、生徒が発展途上国に行き、直接ボランティアに触れるという授業があったのですが、そのとき腕がない男性がいるのを知った生徒たちは、スイスの学校に戻って最新の3Dプリンターで彼の腕をつくってあげて、それをまた直接届けに行ったんだそうです。

そんなことができる学校が日本にある⁉　と思いました。

また、ある学校では音楽の授業で「今日は何をやりたい？」と、生徒一人ずつが好きな楽器を選び、先生から個室でマンツーマンで教えてもらうという時間がありました。バイオリンでもピアノでも、ほとんどのジャンルを網羅しているそう。

学校の敷地は美しく整えられ、素晴らしい校舎が建っています。建物に名前が刻まれているのは、卒業生からの寄付で建設されたもの。「卒業生一同」とかじゃなく、個人でそれだけの寄付ができるのです。

ちなみに、世界トップの学校では、生徒たちは将来、国を変える権力を有することが多いので、当たり前のように地球問題やボランティアに特化した授業をしています。課外授業では自由参加で毎週、海外に行き、ボランティアやアクティビティに勤しむそう。子供の頃から見ている世界が違う……。

驚くのは教育レベルの高さだけではありません。学費も目の玉が飛び出るほど高い（笑）。学費は年間1000万円以上、エージェントからは「交友関係の予算を入れたら年間3000万円を見ておいてください」と言われました。「日本からお越しになる際にはプライベートジェットですか?」と当然のように聞かれたし、実際に親御さんたちがスイスに来る時期は、空港はプライベートジェットで混み合うようです。どんな方がスイスの学校に入れるのか聞いたところ、いくつか挙がった職業の中に投資家が入っていました。学費を支払うことができれば、最高の環境で、最先端の教育を受けることができるのです。

「頭が固い」日本人のままでいいの?

こういう現場を見ると、日本でよく聞く学歴がどうこうなんて話題は霞んでしまいます。日本人は井の中の蛙で、世界が狭いなと感じます。実際、そんな驚きの連続だったスイス視察で、すべての学校で言われたこと。それは、「日本人は頭が固い」。

いわく、「真面目なのはいいけれど、これからの時代は生きる力が必要になる。そのとき、日本人は使われる人間には適しているけど、世界を引っ張る力はないだろうね」とのこと。世界的に見ても、日本人は上に立つ人間とは見られていないのです。

世界からそんな評価をされるのは、日本人の多くが時代の変化を見ようとせず、「一億総中流」と言われた高度経済成長時代の価値観をいまだに引きずっているからではないでしょうか。

多様性の時代と言われ、さまざまな生き方ができるようになってきたけれど、それでもまだ「いい大学を出て、いい会社に入るのが一番安全」「お金持ちの男性と結婚するのが女性の一番賢い生き方」なんて考えがまかり通っているなと感じます。

あなたも、頭では「今はそんな時代じゃない」と思っていても、その考え方に縛られて、行動するのをためらったりしていませんか？

ぜひ一度、自分を縛る無用の価値観がないかを自己分析してみてください。そこから脱却できたら、人生はとても自由なものになります。

正解を選ぶのではなく、選んだ道を「大正解」にするの

お茶会に参加される方と話すと、女性は占いやスピリチュアルが大好きだなと思います。私にとって占いは娯楽の一種。いい結果を見て嬉しく感じることもあるけれど、基本的にはまったく気にしません。

先日、新しい飲食事業のオープンを迎えたのですが、その日は仏滅(笑)。周りからは「仏滅に開店なんて縁起が悪いよ」と言われましたが、私はまったく意に介さず、そのま

まオープンさせました。

開店初日の売り上げは期待以上でした。今も問題なく安定していることを考えると、日取りがいいか悪いかなんて何も関係ない。むしろ、その日取りの吉凶によって行動に制限を受けることのほうが問題かなと思います。私のように占いをエンターテインメントと思って楽しむくらいならいいのですが、多くの女性が占いを気にして行動を変えようとしてしまうのは、結局のところ自分の決断に自信が持てないからではないでしょうか。

だけどね、**自分の運命をどんなものにするかを決めるのは、あなた自身。**

どんな道を選んでも、その時点では正解かどうかなんてわからない。どんなに周りから正解と思われた道だとしても、うまくいかないことだってあります。**大事なのは「正解を選ぼうとする」ことではなく、「自分の選んだ道を大正解にする」ということ。**

私の結婚相手はとてもお金持ちの方でした。2年間の結婚生活で、私は専業主婦だったので毎月使いきれないほどのお小遣いをもらって生活していました。当時は東京の夜景を独り占めした気分になれるマンションに住み、高級車に乗り、ハイブランドのパーティに呼ばれ、欲しいものは何でも手に入る――そんな生活をしていました。

でも、離婚して残ったのは「何もない一人のアラサー女子」。

人によっては、「また就職して、人並みに暮らせるようになろう」とか、「慰謝料をたくさんもらって、働かなくても生きていけるようにしよう」とか、「次もお金持ちの人と結婚して何不自由ない生活をしよう」という選択肢を選ぶかもしれません。

でも、**私は仕事もお金もない状態から「起業と投資で、次は自分自身の力で豊かさを手に入れよう」と決めました。**


そして今、私は自分の力で得たお金で思うような生活を送っています。それは私が自分自身の選択を誰が何と言おうと信じて貫いているからです。

だからあなたも、占いや他人の声を最優先にするのではなく、あなた自身の決断を信じてあげてください。いつだって自分の味方はあなた自身なのです。

生きたお金の使い方

私が「自分の力で豊かになる」と決断して行動したことは、単にお金が得られる以上のものを私にもたらしてくれました。

まずはチャレンジする楽しさ。「何もしなくたって今の生活水準を変えずにいられるのに、どうして敢えてリスクをとってビジネスを続けるんですか？」と聞かれることがあります。その理由こそが「楽しいから！」。私に今1兆円の資産があったとしても、私は絶対に何かしらのビジネスや活動に挑戦していると思います。それは、年を重ねてもずっと変わらないと思います。

2つ目が、人の幸せや成長を喜べるようになったこと。欲しいものが自分の力で自由に手に入るようになってからは、自分が贅沢をしたいということよりも、相手が幸せかどうかが私の幸せにも直結すると感じるようになりました。

先日、知り合いの経営者の方と会食していたとき、「人間、最初はビジネスの成功や生活水準を上げることが目標だけど、成功を収めたあとは、世の中にどんな貢献ができるかを考えるようになるよね。だから教育やチャリティへの意識の高い経営者は多いんだ」という話が出ました。

私も同感。お店のスタッフや周囲の人々が、私の話を聞いて行動を変えたり、新しいチャレンジをして成長したりしているのを見ると、本当に嬉しくなります。彼らのためにももっとビジネスをがんばろうと思えるし、彼らにもどんどん成長していってほしい。そんな気持ちに応えてもらえると、胸が熱くなります。

私は「1日1万円募金」という活動もやっているのですが(実際は毎日1万円ずつ募金するのは大変なので、何かあったときにまとめて寄付しています)、災害などで困っている方たちのために私が稼いだお金が役立てられるなら、やはりそれは生きたお金の使い方だと思います。

お金は単なるツール。何のためにお金が欲しい？

私は投資を始めて、大きな気づきがありました。

貧乏になる人はお金をものとして扱い、お金持ちになる人はお金を道具として使う。

いくらお金を持っていても、そのお金をどう使うかで幸せの度合いは変わってくると思います。増やしたお金をただ散財するだけでは、何も生まれないし、いずれそのお金は尽きてしまいます。

私は離婚という負の出来事をレバレッジにして行動してきましたが、何のためにお金が欲しいかは人それぞれですよね。裕福な生活がしたいからとか、老後が心配だからとか、家族にお金で苦労させたくないとか、最初は個人的な理由のほうが多いと思います。

でも、忘れないでほしいのは、「お金を増やす」のはあくまで手段だということ。**たくさんのお金を得たそのあとに、どんな幸せを手にしたいのかをしっかり考えてください。**

自分は何のためにお金を増やしたいのか。

そのゴールがきちんと見据えられたら、あとはあなたの決断が「大成功」になるように日々行動あるのみです。

お金はあくまでも幸せや安心を手にするためのツール。その先に自分がどんな幸せや充足感を欲しているのかを見極めておけば、何かに迷ったとしても、そのゴールに近づく行動なのか遠のく行動なのか、自分で判断できます。

そう、占いに頼らなくても、自分自身で判断できるようになるんです！

Chapter 02

投資は人生の美容液

——投資が当たり前の時代はもうきている——

先進国のなかで日本は投資後進国ワーストワン

私は自分の経験から、「お金を増やしたい」という女性には投資をオススメしているのですが、けっこうな数の女性が投資アレルギーを抱えている姿を見てきました。なかには、投資の重要性は理解しているにもかかわらず、いざ自分でやろうとすると躊躇してしまうという人も大勢いました。

投資＝怖い

投資＝危ない
投資＝騙される

という思いが強く、そこから脱却できないのです。

その投資アレルギーぶりが如実に表れている資料があります。下図は日本銀行によってまとめられた「資金循環の日米欧比較」（2020年8月21日）です。

これは日本、アメリカ、ユーロエリアの家計に占める現金・預金の割合を示したものです。見ての通り、日本だけが50パーセントを超えています。

では、債務証券、投資信託、株式等とい

	現金・預金	債務証券	投資信託	株式等	保険・年金・定型保証	その他	
日本	54.2%	1.4%	3.4%	9.6%	28.4%	2.9%	1,845兆円
アメリカ	13.7%	6.0%	12.3%	32.5%	32.6%	3.0%	87.0兆ドル
ユーロエリア	34.9%	2.0%	8.7%	17.2%	35.1%	2.2%	25.1兆ユーロ

出典：日本銀行

った「運用資産（投資商品）」の割合はどうでしょうか。

日本……14・4パーセント

アメリカ……50・8パーセント

ユーロエリア……27・9パーセント

日本だけが突出して低いという結果になっています。つまり、日本は家計に占める貯蓄の割合が非常に高く、そのぶん投資商品の割合が低いのです。ユーロエリアと比べて2倍弱、アメリカと比較すると3倍以上も差があります。

日本人はみんな貯金するお金はあっても、投資には回そうとしないということです。

私に言わせれば、ただ貯金しておくだけのほうがよっぽどリスクが高いのですが、やはり日本人は失敗するくらいなら動かないほうがマシと考える人が多いのでしょう。

なぜ日本人は金融リテラシーが低いのか？

私の前職はシェアハウスを手掛ける会社の広報でした。仕事柄、シェアハウスの住人とも交流することが多かったのですが、そのなかで知り合ったアメリカ人たちは、みんなまだ大学生と若かったのに、ほとんどの人が投資をしていて、日本人との違いに驚いたことがあります。

聞けば、アメリカでは中学校から学校の授業で投資について勉強する時間があるのだとか。オーストラリアに至っては、小学校から金融教育が行われているそうです。彼らは投資、株式、利回りといった資産運用や金融に関する最低限の知識を早い段階から学んでいるのです。また、親が子供にお金を渡し、実際に投資を実践させていることも珍しくありません。

その点では、日本人はお金のリテラシーに対して諸外国に水をあけられていると感じざるを得ません。日本ではこれまで、学校教育でマネー教育は一切行われてこなかったからです。

とはいえ、これではさすがにマズイと思ったのか、今、日本でもようやくお金の勉強が取り入れられようとしています。2022年度から、高校の家庭科の授業で金融教育が行われることになっているのです。今後は、生涯を見通したリスク管理の考え方や金融商品のメリット・デメリット、資産形成などについて学ぶようになるそうです。

投資はひと言で言うなら「あなたの持っている福沢諭吉さんを働かせること」。

転職も独立も副業も、結局働いているのはあなた自身です。あなたに何かあれば、途端に収入が途絶えてしまいます。でも、**投資はあなたではなくお金が働いてくれるのです。**病気で寝込んでも、出産・育児で働けなくても、諭吉さんは働き続けられます。

ライフイベントが多い女性にとって、投資は大きな味方になってくれるものです。投資女子として、「お金を増やす」手段には転職・独立・副業以外にも「投資」という選択肢があることを、多くの女性に知っておいてほしいと思います。

今後、学校教育でお金について学ぶことになったら、近い将来、あなたのお子さんから
「ママは投資やってないの⁉」
と聞かれる時代がやってくるでしょう。
そのとき、あなたはお子さんにどう答えるのでしょうか？　それはこれからのあなたの行動によって大きく変わると思います。

貯金だけしかしてないほうが
現代ではリスクが高い

私も20代に、とにかく貯金をするという時期がありました。お給料日になると欠かさず通帳記帳をするくらい、貯金をするのが楽しかったです（笑）。

しかし、お金の勉強をしていると気づくことがあります。それは、**「貯金をするほど貧乏になる可能性が高い」**ということ。正確には、貯金をしているだけでは、将来的にその価値が目減りしてしまうリスクがかなり高いということです。

その理由を知るには日本の経済状況を知っておく必要があります。ちょっと硬い内容になりますが、ここは賢くお金を増やすのに必須の知識。ぜひ押さえておいてください。

みなさんもニュースなどで「ゼロ金利政策」と「量的緩和政策」という言葉を耳にしたことがあるのではないでしょうか？　日本は今、この2つの金融緩和政策を積極的に推し進めています。

「ゼロ金利政策」とは、読んで字のごとく、金利をほぼゼロにするという政策。「量的緩和政策」とは、簡単に言うとお金をどんどん刷ることです。

なぜこの2つの金融政策を行っているかといえば、日本はインフレを加速させようとしているからです。インフレって、昔、学校の授業で習いましたよね。物価が上がる現象のことです。

日銀はこれまでずっと、「緩やかなインフレ」を金融政策の目標に掲げてきました。正確に言えば、「消費者物価の前年比上昇率2パーセント」が目標。それを実現するための策がゼロ金利と量的緩和なのです。今後は特にコロナショックの影響で、この2つの緩和策を一層強化しようという流れになっています。

実際、日本は今、超低金利時代と言われています。バブル経済崩壊後でさえ、定期預金なら6パーセントほどはあった金利が、今はほぼ0パーセント。昔は貯金をしていれば、わずかながらでも利子によってお金が増えていたけれど、今はほとんど増えません。

しかも、量的緩和でお金をどんどん流通させれば、当然ながらお金の価値は下がっていきます。今のところはなかなか日銀の思惑通りの結果にはなっていませんが、もし日銀が目指すように毎年2パーセントずつのインフレが実現されたら、物価は30年で1・8倍になります。つまり、これまで1万円だったものを買おうとしたら、1万8000円が必要になるということ。仮に円の価値が半分になったとしたら、今、銀行に1000万円の貯金があったとしても、500万円分の価値しかなくなってしまう……。

今のお金の価値が私たちの老後まで同じまま、と考えるのは現実的ではありません。貯金だけしかしないというのは、今後は大きなリスクとなり得るのです。

将来、日本は貧乏な国になる⁉

さらに問題なのは、インフレは円安をもたらすということです。円の価値が下がるのですから、当然の現象ですね。円安になると、例えば1ドル分のモノを買うのに100円ですんでいたのに、200円払わなければならなくなるということが起こります。

資源に恵まれていない日本では、食品やエネルギーを始め、生活必需品の多くを輸入に頼っています。そんな国で通貨の価値が下がったらどうなるか？　日本は将来、貧乏な国になる可能性があるということです。「円が今の価値を保っているうちに、海外に資産を移すべきだ」と言う識者もいるくらい。

多くの人は、老後は円で保有している貯金と年金を当てにしていると思いますが、インフレと円安のダブルの影響で円の価値が大幅に下落したら、そんな人ほどダメージが大きくなります。

だから、自分のお金をすべて円で、しかも日本の銀行に預けているというのは、リスク

がめちゃくちゃ高い！　ということなのです。

多くの日本人は、「貯金＝安心」という方程式が脳にがっちりはまっています。そして、「投資＝リスキー」と捉えている。みなさんも、「貯金が多いのは堅実な証拠」と思っていませんか？

はっきり言って、その考え方は昭和の価値観です。もはや幻想にすぎません。幻想にすがっていても、現実はシビアです。

今、世界はめまぐるしく変化しています。そのことをコロナが明らかにしてくれました。コロナ流行以前の社会で、「ミーティングはすべてテレビ電話アプリでするもの」「会社に行かず自宅で仕事するのが当たり前」と思っていた人がどれだけいたでしょう？　思いもよらないことが起きて、私たちが生きる世界の常識はたった数カ月でガラッと変わってしまいました。倒産した会社も失業した人も数えきれないほど生まれました。

「リスクをとらない生き方がかえってリスキー」。そんな時代が来たことを私たちは実感しているはず。

日本には手厚い社会保障がありますが、何もしないでそれに甘んじているだけでは、成長どころか、安定も現状維持も難しいでしょう。今の世の中では、自分で行動しない人は少しずつ転落していくことになる……。

だからこそあなたには、「女性は結婚すれば万事ＯＫ」「貯金さえしていれば何とかなる」という昔の価値観とは決別してほしいと心から思います。

どんなときでも、自由に、豊かに、心から安心して生きるためにお金は必要不可欠。

「そのお金を女性が投資で生み出すことができるようになってほしい」

それが私の一番のヴィジョンです。

投資はお肌のケアと同じ 数十年後に差が開く

投資は人生の美容液。女性として楽しく生きるための必須アイテム

貯金ばかりしても不安が消えない今を抜け出して、どんなときも自由に人生を楽しみたいならば、ぜひ投資を人生に取り入れてほしいと思います。それは、私自身が投資で人生の選択肢が大いに増えたなと実感しているからです。

私は現在、北関東で実店舗の事業に5つ出資しています。スタッフは50名を超えました。今でこそ、「地方を元気にするお店をやりたい」「雇用を生み出したい」と経営者としての

目標を持っていますが、数年前までそんなこと1ミリも思っていませんでした。

当時は「あのシャネルのお洋服が欲しいな」「次はこの色のバーキンを買おう」「パリの五つ星ホテルに泊まりたい」と、自分の欲望を満たすこと、贅沢することが目的でした。

それが投資を始めて、やりたいことを叶えているうちに、「自分のために○○が欲しい」から、「誰かのために何かしたい」に考えが変わってきたのです。それで投資で得た利益を元手に、地方に貢献できるような事業を始めることにしました。

今日の行動が明日の未来を変える

「世のためになることがしたい」なんて高尚なことは考えてきませんでしたが、**投資で得たお金があることで、「私ができること」と「人生の選択肢」は何倍にも増えました。**結果として、新たな目標ややりがいも生まれました。最初は小さな行動だけど、その一歩が自分を大きく変える――そんなことを実感しています。

今、私の一番の目標は「女性投資家を世の中にもっと増やすこと」。

私は投資でお金を得て、「贅沢したい」という気持ちが「女性として楽しく生きることにフォーカスしよう」という形へ変化しました。正直、これまでは男性に高級店でご馳走してもらったり、ハイブランドのプレゼントを山ほど買ってもらったこともあります。20代前半はいわゆる〝港区女子〟だったかもしれません（笑）。

でも、自分の力で、自分のお金で、高級レストランに行ったり、欲しいものを買うほうが、何倍も気持ちいい♡

つい女性は「おごってもらえるほうが女性として価値が高い」とか「男性に養ってもらいたい」と思いがち。でも、**投資を人生に取り入れれば、媚びることもなく、相手を気にすることもなく、自分で自分の好きなことができる。**

私は美容も好きなのですが、投資ってまさに「人生の美容液」だなと思います。

スキンケアでは、美容液って絶対に必要なものではないかもしれません。でも、使えばやっぱり段違いにお肌はきれいになる。一番大事なのは、お肌がきれいになると自信が湧いてくること。自信があると行動できること、達成できることもたくさんある。

投資も同じだと思います。投資をしたほうが絶対に人生は豊かになるし、選択肢は増える。お金への不安が減って自信もついて、いきいきと生活できる。令和のスタンダードは「女性の人生にとって投資は当たり前」になると確信しています。

美容って積み重ねがモノを言いますよね。いくつになって始めても決して遅すぎるということはないけれど、若い頃から日焼けに気を使っていたり、きちんとケアし続けていれば、年齢を重ねたときに大きな差が出ます。

投資もまさにそう。何歳になっても遅すぎるということはないけれど、若い頃から少しずつでも行動していくほうが、得られる利益が大きくなる。だって、投資で稼いだお金をさらに投資に回せば、得られるリターンがどんどん増えていくでしょ？ だったら早く行動するほうがいい。

今の投資が、あなたの未来を変えるのです。

行動すればチャンスが広がる！
結果を手にしたら考え方も変わる‼

私の周りには投資女子がたくさんいます。それは決してセレブの友人や女性経営者といったお金に余裕のある人だけではなく、普通のＯＬさんや主婦の方で、投資に取り組んで幸せを増やしている女性がたくさんいます。

嬉しいのは、収入が増えたのはもちろん、モノの捉え方や環境、価値観にまで変化があったという方が多いこと。

そんな大きな変化を手にした女性を4名ほど紹介します。

①M・Oさん（44歳）

将来への不安から、ずっと貯金をコツコツしてきたOさん。その貯めていたお金を債券という一括投資へ投じることに決めました。それにより毎月入ってくる配当（投資の利益）は15万円に。

はじめはずいぶん不安があったそうですが、投資を始めてお金に対する考え方が変わったと言います。それまでは、「とにかく貯めておかなきゃ！」と思っていたのが、今は「お金に働いてもらいながら本当に欲しいもの、やりたいことには惜しみなくお金を使い、循環させよう！」と思えるようになったそう。

彼女は昔からパリ留学が夢でしたが、「そんなお金ない」「自分にはできない」と思い込んで実行に移せなかったそうです。それが、投資を取り入れたことで、「叶えられるかも」と考えが一変。実際に、配当を使って夢であるフランス留学を体験してきました。

パリにホームステイして語学学校に通い、アパートを借りて住む。全額配当を使って実現できたのです。パリでは、シャネル本店で記念のバッグも買ったそう（笑）。

この体験で自信を持った彼女は、勤め先に休職を申請し、まもなく本格的なパリ留学に旅立ちます。

②M・Sさん（37歳）

看護師として忙しく働くSさんは、これまで仕事のストレスをお買い物で発散していました。お給料はその浪費に費やされ、稼ぎの割には貯金が少なかったそう。

でも投資に取り組もうと一念発起してからは、支出における消費・投資・浪費の割合をしっかり考え、今では不動産3軒、積立投資、債券と順調に資産を増やしています。

一番嬉しかった出来事は、現在の伴侶である男性と知り合えたこと。じつはSさんは投資に取り組む1年ほど前に結婚相談所に登録していたのですが、そこですっかり自信を失ってしまったのです。男性から選ばれないことより、男性を好きになれない、信用できないという自分に幻滅して、「自分には人並みの幸せも手に入らないのかも……」と悩んでいました。

当時は、「お医者さんと結婚することしか頭になかった」と言うSさん。ところが投資をするようになって、「〝伸びしろ〟のある男性のほうがいいと考えられるようになった」そうです。

それまで受け身だった恋愛スタイルも、旦那さんと知り合ってからは「自分の割には積極的に行動できた」と言います。しかも、2人のお金の価値観が似ていて、心から安心できるのが結婚の決め手になったそう。とってもいいエピソードだなと思います♡

③Y・Sさん（33歳）

彼女もほんの数年前まで、貯金しかしていない普通のOLでした。投資を始めるにあたり、保険の見直し・積立投資・不動産購入・一括投資、と段階的に行動。それによって毎月収入が入るようになり、先日は「お母さんの還暦の誕生日プレゼントに、普段買えないような服をプレゼントすることができました」と嬉しい報告をしてくれました。「年が明けたら、母と一緒に温泉旅行に行きます」とも。

「投資をする前の自分では絶対にこんなことできなかった」という彼女は、投資を取り入れることで親孝行という夢を叶えました。

④M・Aさん（42歳）

Aさんもまた貯金ばかりしてきた慎重派さん。貯金はたくさんあるのに、不安からか、地元から東京へ来るときはいつもバス（片道3500円）しか使えていなかったそう。

彼女も一括投資や不動産投資などを実践し、本業とは別に収入が得られるようになってはじめて安心して、移動方法をバスから電車（片道9000円）にできるように！

不安で貯金ばかりしていたときは、安い方法で移動する発想しかなかったのに、「自分がラクなほう」を選択できることに気づけたと言います。

移動方法を変えられたとき、これまでは「安さで選ぶしかない」という思い込みがあっ

たと気づき、ほかのことについても違う発想で考えられるようになったそうです♡
マインドの変わったAさんは、1年でカナダに3回も行き、現地で人生初のヘリコプターに乗ったり、帰りの飛行機をランクアップして、どんどん経験値を高めています。
「今までなら選択肢として思いもしなかったことができて、世界が変わったことを痛感しました」と話してくれました。

彼女たちはみんな、それまで貯金しかしていない、将来を不安がる普通の女性でした。でも今では人生に投資という存在が当たり前になり、お金が選択肢を増やしてくれて、長年の夢を叶えています。
彼女たちが特別だからということはありません。すべての女性が投資を味方にすることは可能なのです。

「数字に弱い」は思い込み！ 本当は女性のほうが投資に向く3つの理由

一般的には「投資をするのは男性」というイメージがあるようです。

ＭＵＦＧ資産形成研究所が1万人の男女からとった調査（２０１８年9月）によると、30歳代以下の若年層において、実際に投資をしたことがある男性は全体の43・4パーセント、女性は30・4パーセントで、やはり投資には男性のほうが積極的。女性の場合は、そもそも投資をしようと思ったことのある人の割合が男性に比べて低く、自身の金融知識の水準に自信が持てない人が多いという結果が出ています。

なぜ、女性のほうが投資に消極的なのでしょうか。理系＝男性というイメージが強いから？　数字に弱いと感じている女性が多いから？

でも、そんなのただの思い込み。人間は思い込みで損をしていることがたくさんあると思います。だって、実際には女性のほうが投資に向いていると私は思うから。

理由は次の3つです。

①女性は未来志向

女性には結婚・妊娠・出産といった人生のライフイベントがたくさんあります。特に妊娠と出産は女性だけしかできず、命の危険さえある一大イベント。

私の周りにも、つわりがひどくて退職しなければならなくなった方や、産後体調が回復せず、思うように復職できなかった方がいます。そのため、女性は先々に起こることについていろんなケースを想定して、必ず「将来」を念頭に置く習性がついています。子供が生まれて学資保険を検討したり、子供のために貯金をしようとするのは、必ずと言っていいほど女性。女性は将来のことまで心配できる未来志向型なのです。

一方、男性はというと、女性に比べて計画性がなく、行き当たりばったりの人が多いので、貯金も女性ほどしっかりしていません。自分より稼いでいるはずなのに、彼の貯金額を知って驚いたという人、あなたの周りにもいませんか？

未来志向で、将来の不安に備えようとする女性のほうが投資へのモチベーションが湧きやすく、目標をきちんと設定できるので、結果として資産運用に成功しやすいのです。

②貯金がある人が多い

女性は未来志向型ゆえに、将来に向けて貯金をしていることがほとんど。ある統計によると、20～40代女性の貯金額は「１００～４９９万円」という回答が最多でした。片や未婚男性20～40代のリアルな貯金額はというと、「１００万円以下」が最多（約40パーセント）。

女性は結婚による退職や妊娠・出産・育児によるキャリアの断絶といった事柄が身近なため、「いざというとき」を常に意識して、それが貯金にも反映されますが、男性は病気などを除けば、いつでも働ける＝収入に不安がないと考えるのでしょう。結婚するまでは「貯める理由」が存在しにくいので、つい使ってしまうというケースが多いようです。

貯金があるということは、投資をする上ではアドバンテージになります。投資にもさまざまな種類がありますが、一括投資のように元手となる資金を必要とするタイプの投資では、貯金を持っている女性のほうがすぐに始められるからです♡

③いざというときのためにお金が必要

女性の社会進出が叫ばれてはや半世紀が過ぎますが、それでもなお「男性（夫）が正社員」「女性（妻）がパート」という働き方がまだまだ一般的だと感じます。私の会社にもパートで働く既婚女性はたくさんいます。

彼女たちを見ていると、本当に子育てや家事に邁進されていて頭が下がります。イクメンが増えてきたとはいえ、やはり育児や家事は女性が担うことが多いため、よほど理解がある会社に勤めているとか、自由な働き方ができる人でないと、両立は難しいのでしょう。

よりよい家庭を築くために、献身的に家族のお世話をする女性は素晴らしい！　でも、大黒柱が男性で女性個人の稼ぎが少ないと、困るときがあります。それは離婚のとき。

もちろん、生涯を誓ったパートナーと添い遂げられるのが一番だけど、私の例でもわかる通り、人生には何が起きるかわかりませんよね？

でも女性は強いと思うのが、そんなときに備えて日々の家計をやりくりしてパートナーには内緒のヘソクリを蓄える人が多いこと。


けれど、もっと効率がいいのが投資です。

私の友人にも玉の輿に乗った子がいますが、「いざというときに備えて、自分の資産をつくっておきたい」と、旦那さんにもらったお小遣いを元手に投資を始めたいと相談されたことがありました。

たとえ「今」使えるお金がたくさんあったとしても、将来のことを考えて動けるのが女性の強み。私も自由になるお金がたくさんあったときから行動していたら、こんなに苦労しなかったのにと思います。

ヘソクリはコツコツ貯める根気が必要ですが、それは投資も同じ。だから女性が投資に向いてないなんてことはあり得ない！　と私は思うのです。

以上の3つの理由から、私は男性よりも女性のほうが投資に向いているし、投資へのモチベーションが高いと考えています♡

独身のときから、若い今のうちから行動しておけば、「子供が小さいときに思う存分一緒にいたい」「余命わずかな母親の最期をそばで見届けたい」という望みが出てきても、お金や仕事の心配をせずに願いを叶えられます。

どんなときも自由で、自分の望みを叶えられる人生にするために、女性にこそ投資を取り入れてもらいたいのです。

ひと晩で大金持ちは目指さない。小さなチャレンジからコツコツと

投資は「起業する！」「ダイエットで〇キロ痩せる！」「資格を取る！」というのとは違い、今の生活を変えずに始めることができます。私にとっては、それこそ歯磨きをする、お風呂に入るのと同じ、習慣の一部です。

こうやって小さな変化を積み重ねていけるのが、投資のいいところ♡

なぜなら、人生を変えたいという目標を持ったとき、それが叶わない原因のひとつが

「忘れてしまう」ことだからです。

忙しい毎日のなかで一気に大きな変化を求めると、無理が生じて億劫になって、いつしか「なかったこと」になってしまう。そんな経験、あなたにもありませんか？

生活を変えなくてすむ投資なら、小さな変化（マイクロシフト）からスタートできます。諭吉さんに働いてもらうから、あなたがするのは選択するということだけ。目標達成のためには継続することが大切ですが、それなら継続できそうな気がしますよね。

まずはできることから行動し、それを習慣化しましょう。

私の場合、はじめは「テレビを見る」→「テレビを置かない生活にした」→「代わりにPCを置いて仕事をする」というところから行動を変えました。

周りからは「いつも仕事ばかりしてるの？」「大変そう」と思われがちですが、私にとっては今ではテレビを見ているほうがストレスなので、苦じゃありません。

自宅でテレビを見て笑っている時間があったら、私はPCに向かい、未来に投資をする。

そして将来、笑って過ごしたいのです。

大きな変化は小さな変化の積み重ね

人生を劇的に変える出来事というのは、大きなものではないことがほとんどです。それをコツコツ積み上げてみたら、結果として大きな変化になっているのです。

ある日、劇的な変化が訪れて、いきなりフルマラソンが走れるようになる、バイオリンがすいすい弾けるようになる、なんてことはあり得ませんよね？　毎日コツコツと練習する習慣が身についたからこそ、いつのまにか大きな変化を感じられるようになります。

先ほど紹介した4名の女性も、急に価値観や生活が変わったわけではありません。最初は小さな金額から始めて、だんだん投資金額を上げていったり、まずは投資ではなく保険の見直しからスタートしたりというような、小さな成功体験を積み重ねることで、気づけば立派な投資女子になっていました。

1章で紹介した女性（31ページ）もそうです。もともと受け身の性格だったという彼女は、投資を実践するうちに、「お金は自分次第で増やすことも減らすこともできる。失敗を恐れず、他人まかせにせず、自ら将来を見据えて行動していくことの大切さに気づけた」と言います。

それからの彼女は能動的な性格へ変わっていきました。投資で培った「ゴールを決めて動く」ことを恋愛にも応用。具体的に、しかもゴールを逆算して行動することができるようになったため、幸せなスピード婚までも叶えたのです。

誰もが、始めるときは初心者です。

・家計簿をつけてみる
・自分が払っている保険料の金額を確かめてみる

そんな小さいこと・簡単なことから始めていくのが大切♡　投資家になるためにまず始めていただきたいワークは第4章の最後でご紹介します。

投資も美容も、日々の積み重ねが大事。一つひとつの行動は小さくても、継続し続けていれば、いつしかメガトン級の変化が訪れていることに気づくはず♡
婚活をするときに、普段は3センチのヒールを履いている女性が、7センチに変えてみるように、軽やかに投資家への道を歩み出しましょう♪

Chapter 03

投資女子マインド 5つの心得

心得①「失敗したからやめる」はタブー

ディズニーランドに行くのも100万円損するのも体験としては同じ

みなさんからいただく質問で多いのが、「どうすれば失敗しない投資ができますか？」というもの。きっとこの本を読んでいるみなさんも、それを知りたいと思っているのではないでしょうか？

結論から言ってしまうと、絶対に失敗しない投資なんてこの世にはありません。

「絶対に損しないから」なんていう口説き文句を使ってくるセールスマンがいたら、それこそ一番危険。絶対信用してはいけないタイプの人間です。

今の時代、安定・堅実だと思われていた企業でも破綻することは珍しくありません。それこそコロナウイルスのせいで、好調だった会社があっというまに倒産の危機に陥るケースを目の当たりにしましたよね。でも、こんな「例外」なことが起こってしまうのが現代です。どんなに手堅く見える投資でも、何が起こるかはわからない。

だからって、そもそも始めないのが一番の失敗パターンなんですけどね。

あらゆるものはすべて「ただの経験」

多くの人が、失敗したときに「失ったものそのもの」ではなく、「失ったものから連想される過去と未来」にフォーカスしがちです。

投資以外で考えてみましょう。例えば、大好きな彼氏に浮気されてフラれたとします。

そのとき、事実は「彼に浮気されて、別れた」だけなのに、

「自分が魅力的じゃないから浮気されたんだ」

「きっとこの先も誠実な男性とは付き合えないんだ」

「ムダに1年付き合ったせいで30歳を超えてしまった。もう結婚できない」

なんて、勝手に過去や未来にフォーカスして、ダメージを実物以上にふくらませてはいませんか?


成功だろうと失敗だろうと、あらゆるものはすべて「ただの経験」です。**私にとっては投資で100万円失うことも、ディズニーランドに行くことも、「ただの経験」という意味では同じ。**

さっきの例で言うなら、あなたは「浮気されて別れる」という経験をしただけ。ひどい仕打ちは受けたかもしれないけれど、彼との楽しかった日々はたしかに存在したし、今後も浮気されるとは限りません。もちろん、あなたに魅力がなかったわけでもない(明らかに自分に問題がある場合は、自分を振り返って改善しないといけませんけどね)。恋が終わったからといってそのダメージにいつまでも振り回されてしまうのは、非常にもったいない！

「お金を失う＝失敗」の価値観には要注意！

投資で１００万円失ったというときも、「その１００万円があれば、ハワイ旅行に行けたのに」「今までのがんばりが水の泡になった」と考えがちです。

たしかに、１００万円あればハワイ旅行ができたかもしれない。でも、本当にハワイに行きたかったら、そのお金はとっくに使っているはず。投資で失敗したから、「〇〇できたのに」って、自分で自分のダメージを大きくしているだけなんです。「がんばりが水の泡」というのも幻想。だって、その１００万円を稼ぐためにがんばった経験やスキル、キャリアは消えてはいないですよね？

「１００万円失った」という事実に対して、必要以上に落ち込んだり悲観してしまうのは、自分の頭の中で悲劇を勝手につくり上げているにすぎないことをあらかじめ理解しておいてほしいのです。

投資でなくなるお金も、旅行と同じように、「ひとつの経験」を買ったにすぎないと冷静に捉えること。お金に執着するマインドを変えない限り、投資で成功はできません。

失敗がピンチで終わる人とチャンスに変えられる人

私たちが失敗したときにフォーカスすべきは、「じゃあその失敗を次にどう生かそうか？」という「成長」です。男性にこっぴどくフラれたからといって、「もう一生恋なんてしない！」なんておかしな話ですよね。実際、恋愛においては、悲しい思いをしたあとにも、その経験を糧に、新たな恋愛をして、よりよいパートナーを見つけようとする人が大半です。

投資も同じ。大切なのは「その失敗をどう生かすか」。

私のお友達にも、「株で損しちゃった」という方が何人もいます。

Aさんは落ち込みレベル100パーセントで「もう二度と株はしない！」と宣言。

Bさんは落ち込みレベル10パーセントくらい。そして「次がんばろう！」と前向き。

同じことが起こっているのに、2人のピンチレベルはまったく違うのです。

当然、その後の行動も変わってくる。Aさんは宣言通り、投資から手を引きました。片やBさんは別の銘柄で再投資にトライして、結果、損した金額の倍の利益を手に入れていました。

Aさんのように、たった1回の失敗で「私には合わない。できない。無理」と判断する人は、ピンチをチャンスに変えず、そのままピンチで終わりになると思っています。

でも、**成功の秘訣って、成功するまでやり遂げること。**私がやめると判断しない限り、目的地のピンは刺さったまま。だから、私はどんな状況でも失敗だとは思いません。

それが失敗だったら、私の人生は失敗だらけです（笑）。離婚もそうだし、投資がうまくいかなかったこともあるし、失恋したことも、人に裏切られたこともある。

だけど、私は「失敗は宝」だと思って、何度でも立ち上がることにしています。成功するかしないかを悩むのではなく、挑戦を続けることで、人は成長する！　そうやって立ち上がって前に進み続けていたら、気づけば人から「たった数年で成功を手に入れている」なんて言われるようになりました。

これを読んでいるあなたも、失敗しない投資を探すのではなく、失敗しても「ここを乗り切れば新しい世界が見えてくる」と、前を向いて立ち上がってほしいと思います。

お金の奴隷になったら幸せが逃げていく

投資を始めると、以前よりもお金に執着してしまう人も出てくるかもしれません。ここで覚えておいてほしいのは、お金はあくまで道具、手段のひとつだということです。

お金は人生のほとんどのことに必要ですが、お金さえあれば幸せになれるわけでもなければ、お金がないと不幸になるわけでもない。お金を味方につけてよりよい人生にするはずが、お金に気を取られて逆に苦しめられるようなことがあっては本末転倒です。

投資で成功していると、金融商品にしかお金を使わなくなる人がいます。でも、自分の人生の喜びや成長、そして人生の選択肢を増やしてくれる可能性のあるものは、投資だけではありません。

よい人々と付き合い、よい旅をして、よい刺激を自分に与える。

たとえ手元のお金が少々減ったとしても、そういうものへの出費をケチるのはよくない。幅広い好奇心があるほど、思わぬところから投資のチャンスが見えてくることも多いし、何より人生が豊かになります。お金にしか喜びがないなんて、お金はたっぷり持っていても面白みのない人間になっちゃう。

これがいい例かはわからないけれど、私が投資を始めようとしていたとき、トレードのやり方を学ぶのに2時間で360万円の勉強料を支払ったことがあります。その先生は紹介でしか教えてくれない方。人に話すと「高い！　怪しい！」と言われますが、そんなことはありません。お金を払ったことで真剣にトレードに向き合えたし、人脈も広がった。

ちょっと特殊な手法だったので、考え方も広げることができた。この手法で何十倍とお金を増やすことができたし、再現性のある方法はお金を払ってでも学ぶ価値があるということがわかりました。

情報って、タダで得られるものと思ってはダメ。不思議なことで、人間は安いものは疑わないのに、高いものを疑う人が多いのです。「安ければいい」というわけでもないし「高ければいい」というわけでもない。本質を見抜き、値段で判断するのではなく、価値で判断するのです。

ネットに出回っているのはたいした情報じゃないなというのは、今でもすごく実感するところです。

欲しがってばかりで自分では何も与えようとしない人。目先の小さなお金に一喜一憂している人――。そんな人は要注意。お金の奴隷になってしまう素質が十分です（笑）。あくまでも主人は自分。せっかく手にしたお金があるなら、自分の世界を広げることに使いましょう。

諭吉さんを上手に働かせてあげよう

とはいえ、お金はただ使えばいいというものでもない。特に女性に気をつけてほしいのが、ハイブランドのバッグやジュエリーを買いあさりたくなるという衝動です。自由になるお金が増えて、「あ、いいな〜。ほしい！」と思うと、歯止めがきかずにどんどん買ってしまう。本当にほしいものならいいのですが、一時の衝動や自分の見栄のためにお金を使うのは、生きたお金の使い方ではありません。

ポイントは、自分の肥やしになるのか、それともタンスの肥やしになるのか。自分への投資になるなら、惜しみなくお金を使ってOK。でも、**単なる浪費なら、そのお金は投資に回すのがベストです。**

結局、運がよく見える人って、前向きな考え方や行動力によって、自分で運を呼び込んでいますよね。お金も同じ。お金を呼び込む人は、生きたお金の使い方ができる人。

あなたにとって、投資を始めるキッカケが「年収に気をとられずに、自分が心から好きになれる人と結婚したい」であれば、お金が入ってからするべきは婚活であり、心から愛する人との結婚です。そして、そのパートナーとの生活がより楽しくなるようなお金の使い方をしましょう。

お金を増やしたいと思った動機が「アメリカに移住する」だったら、英語の勉強や移住費用に惜しみなくお金を使いましょう。

私は、自分のことを福沢諭吉さんの雇用主だと思っているので、銀行口座でサボっている諭吉さんがいるのがとても嫌です。だから諭吉さんを見たら、すぐに働きにいってもらいます（笑）。

あなたも、諭吉さんを上手に雇ってくださいね♪

心得③
年齢や常識は気にしない

思い込みは正しい判断の足枷（かせ）になる！

前章でお伝えしたように、日本人の投資に対するマインドセットって昔の価値観を引きずっていることが多い。だから、そこから抜け出したあとも、何事についても自分の常識は常に疑ってかかりましょう！

私がやっている投資の年利は20パーセントを超えるものもザラにあります。銀行の金利がほぼ0パーセントの時代に、年利20パーセントというと、よく「騙されてるんじゃない？」「そんな利率おかしいよ！」と言われたりしますが、それでも私はその案件から年に数百万の配当をもう3年以上も受け取り続けています。

そういう人には20パーセントどころか、「年利6パーセントの投資があるよ」と言っても、「詐欺じゃないか」と心配しますが、今からたった40年前、郵便局の定額貯金の年利がどれくらいだったと思いますか？

何と8パーセントです！ 人の「普通」はその人の過去の経験がつくっています。「こんな利率おかしい」なんて時代や場所を変えたら通用しない。「当たり前」と思うことこそ、「本当にそう？」と疑うことが何につけても大事だなと思います。

「疑うこと」は情報トレーニングの第一歩

私は保険の担当を長年してくれていた人から大金を騙しとられそうになったことがあります。そのときは間一髪で事なきを得ましたが、実際に騙されてお金が飛んでいったこともじつは何度かある（笑）。

そんな経験をしたので、今は情報に対する判断の精度が高まり、騙されることはまったくなくなりました。

やっぱり騙されるときって思い込みで行動していたり、欲をかきすぎていたりしてるんだと思います。欲をかきすぎると、「こうであってほしい」という思い込みに頭が支配されてしまうので、冷静な判断ができなくなってしまうのです。

今では、自分が「こう」と思うことは「本当にそうかな？」「そうとも言えないんじゃない？」と、敢えて疑うというのが習慣になっています。

当たり前だと思っていることって、自分にとっては常識なので、そもそも疑うということをしないものです。それこそ私のように騙されたりすると、目からウロコが落ちて気づきも多いのですが、何もないときは自分で強く意識していないと難しい。

投資をしていると、ここ一番の大勝負！　みたいなタイミングがやってきます。そのとき、本当のチャンスなのか、それとも捕らぬ狸の皮算用なのかを見極めるためにも、普段

から自分の思い込みを排除して頭を柔軟にするトレーニングをしておくのがオススメ。情報精度が高くなりますよ♡

思い込みで「できない」という言い訳はやめる

ここでまず、みなさんに最初に疑ってもらいたいのは「頭がよくないから」「経験がないから」「もう年だから」「元手がないから」という思い込みです。

私は大学に行っていませんが、東大卒の平均年収よりは年収も投資の配当も高いと思います。友人の子供は、まだ小学生なのにお年玉を資産運用し、利益が出るとそれでママや弟にプレゼントしています。

年齢や学歴、経験の少なさや元手がないことは、本当は言い訳にはなりません。

「自分にはできないと思っているけど、本当にそう?」

自分自身に問いかけてみてくださいね。

心得④ 環境を整える

現状維持かブロックを外すか　それは環境にも左右される

私が生まれてはじめて投資をしたのは、27歳のときでした。勤めていた会社が自社債券を出すということで、当時の全財産である500万円を投じたときです。

当時の私の年収は400万円。どこにでもいる普通のOLさんと変わらない状態でした。そんな私がはじめての投資に500万円も出資できたのは、ひとえに環境のおかげだと思います。

当時の職種が広報だったということもあり、私は社長や部長といった上層部の方と話をする機会がとても多かったのです。みなさん投資をしている人ばかりでした。

そういう人たちと話す機会が増えるうちに、それまで投資をしたことがない私でも「投資って普通にやるものなんだな」という意識が生まれてきました。だから、社債に出資するときも、心理的なハードルをほとんど感じることなくスタートできたのです。

周囲5人の平均が「あなた」

アメリカの有名な起業家ジム・ローンの言葉に、「あなたの周りの5人の平均があなたである」というものがあります。これって本当だなと、私も思います。

私の周りにいる投資女子たちも、みんな始めたての頃はおっかなビックリな感じでした。人前でお金の話をするのに抵抗があったり、株はやっても不動産投資は怖がったり。

それが、投資家の集いでほかの投資家の方と交流するにつれて、投資をするのが当たり前という認識に変わり、1年も経つ頃には「ねぇ、昨日また不動産を買ったんだけど～」と、挨拶代わりに投資の話をするようになる♡

自分の常識や価値観は、環境によってつくられます。もしあなたが投資家になりたいとしても、よく話す5人全員が投資をしたこともなく、「投資なんて危ないよ、やめたほうがいいよ」という考えだったら、投資をしようという気が失せてしまうでしょう。

あなたが投資家になりたいと思うのであれば、投資やお金の話に否定的な人とは距離を置き、投資を実践している人や投資について前向きな人のいる環境に身を置くようにするべきです。そうすればあなたの「当たり前」は確実にアップデートされていきます。

情報通に可愛がられるコツ

私が本格的に投資を始めたとき、最初は本当に手探りの状態でした。離婚したてで一人きりで、周りに頼れる人もいなくて……。でも投資を学びたいと思ったから、実践している人にいろいろ話を聞くこともしました。

私は成功者や経営者の方に可愛がられたり、情報をもらったりすることがとても多いのですが、その秘訣はとてもシンプル。

それは、教えてもらったことはすぐに実行して、いち早く気持ちをお伝えするということ。この、「すぐ」がポイントで、早ければ早いほどよいのです。「この本がオススメだよ」と言われたら、その場でネット書店で購入し、届いたその日のうちに読む。読み終わったら即、感想をお伝えする。そのくらいのスピード感です。

私自身が情報をお伝えできる立場になって思ったのが、「アドバイスしたり、情報を教えたりしたとき、素直に実行してくれる方には、もっと教えたい」ということでした。

考えてもみてください。あなたがしたアドバイスをすぐに実践してくれる人と、うんうん聞いているだけで一向に変わらない人。どちらが嬉しいですか?

情報通の方やその筋の成功者に、初心者の私があげることができる情報などそうありません。与えられるものがないのならば、せめて与えられたものには全力で反応する。それこそが可愛がられる極意だと私は思っています。

そうやって行動しているうちに、成功者の人たちからはよい情報をもらえるようになりますし、アドバイスを素直に実行していると自分自身も成長できます。すると、いつのまにか私の周りには投資に意識の高い人たちがたくさん集まるようになっていました。みんなアンテナが高いから、コミュニティ内で行きかう情報は精度の高いものばかり。今、私はすごくいい環境にいます。

行動が変われば環境も変わるし、環境が変われば行動も変わる。

お手本にできる人を見つけたり、投資の話が気軽にできる人と仲よくなったり、素直に謙虚に教えてもらったことを実践したり。そんな小さなことでも環境ってどんどん変わっていくものです。投資だけに限らず、成功しようと思ったら、これがけっこう重要なポイントだと思います。

リスクを自覚して自分でどれをとるか決める

投資の世界には「ノーリスク・ノーリターン」という常識がありますが、これって人生にも同じことが言えると思います。傷つくのが怖くてアプローチしなければ好きな人とは結ばれないし、失敗するのが恥ずかしくて挑戦しなかったら、仕事でいい結果なんて出せない。

欲しいものを手に入れるときに、多かれ少なかれリスクは伴うもの。でも冒険してみないと、新しい世界はやってきません。

でも、リスクって人が思うほどたいしたものじゃないんです。というのも、みんな知らず知らずのうちにリスクを冒しているから。

大企業に就職できれば安泰と思う人は多いかもしれませんが、じつはそれにもリスクがあります。だって、見ず知らずの上層部の経営判断によって、その会社の業績や自分のお給料が左右されてしまうんですよ。いきなり業績が傾いてリストラされたり、自分の思い描いていたキャリアとはかけ離れた部署に左遷されたりという危険は常に満ちています。

貯金がノーリスクというのも、すでにみなさんもご存じの通り大いなる誤解。2章でお伝えしたように、円の価値が下がれば、せっかく貯めたお金が半減してしまう可能性だってある。

私たちが「安心」だと思っていることにも、常にリスクは伴っています。行動するにしてもしないにしても、どちらにせよリスクは付きものなのです。

なぜ損切りできない人が多いのか？

何をするにもリスクがつきものなら、一番いいのは、**リスクに自覚的になって、どのリスクをとるかを自分で決めることです。**そして失敗を織り込んでおくこと。

投資においては、どのリスクをとるかということに無自覚だと、損切りができません。

損切りとは、投資したものの価格が下落したときに、それを売却して損失を確定させること。「損」を確定させるのだから、普通はあまり気が進む行為ではありませんよね。

でも、これができないと、売るに売れず塩漬け状態になり、資金効率的にも精神的にも、あまりよろしくない状態になってしまうのです。

私は、損切りは「必要経費」だと割り切るようにしています。困ったとか悲しいとかそんなこと言っていても好転するわけじゃありませんから。でもそう割り切れず、塩漬けにしてしまう人が多い。塩漬けにして、「いつか上がる」と信じているのなら、損切りをして買い直せばいいのになと思います。そうすれば、損失はそれ以上広がらず、引き上げた資金で別の投資をしてチャンスをつくることもできる。

損切りは未来のための投資のひとつです。もちろん、「損切りすればいいや」でろくに調べもせずに投資するのはＮＧですが、きちんとやってみてダメなら、落ち込むのではなく、そこからどう盛り返すかを冷静に考えるべき。その損切りを損で終わらせるのも、損を取り返す以上の利益に変えるのも自分自身なのだから♡

そして、投資においては、「虫の目、鳥の目、魚の目」を持つことも大切です。虫の目とはミクロ視点、鳥の目とはマクロ視点、そして魚の目とは状況の流れを見ること。損切りできない人は、「虫の目」ばかりじゃなく、「鳥の目」と「魚の目」も意識して、リスクと自覚的に向き合うようにしてくださいね。

Chapter 04

知っておきたいお金の新常識

貯金も年金も
投資のひとつではある

投資していないつもりの人ほど一番悪い投資をしている現実

「私でも投資なんてできるのかな?」と思っている方に、ひとつお伝えしておきたいことがあります。

それは、あなたもすでに投資をやっているということ。

じつは、銀行に預金があり、国民年金の保険料を毎月納めているなら、すでに立派な投資家だと言えるのです。銀行預金も国民年金も、「お金をかけて、リターンを受け取る」

という観点では、投資と同じ。それって単に投資の対象が、企業なのか、外貨なのか、はたまた不動産なのか、銀行なのか、国の社会保障制度なのかの違いだけなのです。

今から40年ほど前、80年代には、郵便貯金の10年定期は年利12パーセントもありました。100万円預けているだけで、12万円も手に入った時代。なんだかすごく投資っぽいですよね（笑）。

ところが、今や銀行預金の利息はほぼゼロ円。メガバンクの利息はわずか0・002パーセントにすぎず、高くてもネット銀行の定期預金で0・15パーセントです。

100万円預けて、得られる利息はメガバンクで20円、ネット銀行でも1500円程度（どちらも税引き前）。100万円使って得られるリターンがたったそれだけとは、いくら貯金がローリスクだからといって、少なすぎる……！

「投資」とは思っていなかったとしても、銀行預金をするということは、知らないうちに年利0・002パーセントの投資をするという選択をしていることになるのです。

年金は損しかしない投資

ほかにも、一般的には「投資」とは思われていないけれど、れっきとした投資なのが、保険です。国民年金、厚生年金、民間の保険……私からすればどれも投資商品です。

民間の保険については後述することにして、まずは公的年金について。公的年金はよくもらえるのかどうかが話題になりますが、私たちの老後にもらえなくなるということはほぼありません。もし年金が支給されなくなってしまったら、それは日本国が破綻したということ。なので、保険料をきちんと納めていれば、まず間違いなく受給できます。

ただし、問題になるのはその額です。おそらく受給額は今より減らされ、受給開始年齢もさらに引き上げられるでしょう。将来の物価上昇のことも併せて考えれば、公的年金は投資としては損しかしない内容……。ただ、年金保険料の支払いは国民の義務ですから、割に合わないと思っていても、義務として付き合っていくしかないんですけどね。

「投資は怖い」とひたすら貯金して、老後にいくら年金がもらえるかを心配する人がいますが、投資家から見れば、それは典型的な「投資で失敗し続けている人」。投資をしていないつもりの人ほど、皮肉なことに一番割の悪い投資先を選んでしまっているのです。

あなたの貯金が勝手に減っている事実

投資を怖がる人が大好きなのが貯金です。でも、気づかないうちにその貯金が減っているって知っていましたか?

多くの人は、そんな実感はないかもしれません。だって、不正引き出しされたわけでもなければ、残高に変化があるわけでもないから。

でも、あなたのお金は減り続けている——厳密に言うと、あなたのお金の価値が減り続けているのです。2章でお伝えした通り、日本はアベノミクス以来、物価を上げることを目標にしています。そしてすでに物価はどんどん上がってきています。

2004年から2014年の10年間で見たとき、小麦粉1キログラム、バター、1・5

リットルのペットボトル飲料、電気代など、どれも物価が1・2～1・5倍になっています。値段は据え置きでも、内容量が減っている実質値上げというケースもあります（お菓子やコンビニのおにぎりですら、どんどん小さくなっているのです）。

物価上昇に伴って所得も上昇していればいいのですが、残念ながらそうはなっていません。2004年から2014年で大卒初任給がどれだけ変わったか見てみると、1・02倍。ほとんど変化がありません。お給料は変わらないのに、物価だけ高くなっていく。つまり、実質的に使えるお金は今もどんどん減っているということです。

何度も言いますが、貯金しているから安心というのは大間違い。知らず知らずのうちにリターンの低い投資をしてしまっているということを自覚する必要があります。

貯金と資産運用の違いについてイメージしよう

貯金があること、資産を運用すること、それは同じようでまったく違います。銀行に預けるだけで数パーセントの利息がつくなら、それは資産運用といえるかもしれませんが、今の時代はまったく違う。私はこんなイメージをしています。

貯金は買った食べ物を冷蔵庫に貯蔵している状態。

資産運用は、生きた鶏を買ってきて飼育している状態。

冷蔵庫に入れた食べ物は食べたらなくなってしまいますし、時間が経てば腐って食べられなくなってしまいます。でも、鶏を飼育すれば卵を産みますし、卵を孵化させれば鶏の数も増えます。鶏肉と卵がずっと手に入る状態が得られるということ。

つまり、貯金はそのままにしていても資産を生み出しませんが、運用することは資産を生み出し続けるということなのです。鶏をたくさん飼っておけば、鶏の病気や不具合のリスクにも対応できますし、とびきりの卵をいっぱい産んでくれる鶏も出てくるかもしれない。貯金と資産を運用すること、その投資を分散するということについて、そんなふうにイメージしてみてくださいね♡

保険は「今すぐ入って いつかやめる」商品

貯金と同じくらいやっている人が多いのが、生命保険をはじめとする民間の保険。前述の通り、こうした保険もれっきとした投資のひとつです。

保険には、大きく分けて3種類あります。

死亡保険（生命保険）……加入者が死亡した場合に保険金が給付される保険

損害保険……災害や盗難など偶然のリスクで生じた損害をカバーするための保険

医療保険……病気やケガなどで入院・通院したときや、手術を受けたときに給付金を受け取ることができる保険

生命保険はさらに大きく3つに分けることができます。

終身保険……死ぬまで保障がある（あなたの身が終わるまで続く保険）
養老保険……一定期間の死亡保障と将来に向けた貯蓄機能を兼ね備えた保険で、満期になったらお金が返ってくる（老後を養うための保険）
定期保険……決まった日までの保障がある（期日が定められている保険）

このように保険にはいろいろな種類があって複雑なので、保険のセールスマンに言われるがままいくつも加入してしまったり、ムダに高い保険料を支払っていたりする人も多いのです。自分に必要な保険を見極めるためにも、ここで保険についての考え方のポイントを整理しておきましょう。

人生には3つのリスクがある

人生にはさまざまなリスクがありますが、もっとも備えておかなければいけないものを3つ選ぶなら、何だと思いますか？

あなたの考えるリスクを3つ挙げてみてください。

正解は、「死ぬこと」「体へのダメージ（ケガや病気）」「長生き」です。

前者2つはわかりやすいと思いますが、最後の「長生き」は一般的には喜ばしいことですよね。なぜこれがリスクになるのでしょうか。

「人生100年時代」と言われる現代において、私たちの寿命は年々延びています。特に女性は男性よりも長生きするのが普通です。

しかし、私たちが生きていくにはお金が不可欠。食べ物、水道光熱費、最低限の衣類、医療費、そしてほとんどの人には住居費（家賃）が必要です。

生きるためにはお金がいる。死ぬときにお葬式代の用意が必要なように、ケガや病気に備えて治療費を準備しておかないといけないように、生きることにもお金を用意しておかなければならない。その意味で、長生きはリスクだと言えるのです。

保険は、極論を言えばこの3つのリスクに備えるためのもの。

日本では国がリスクの保障をしてくれるので、最低限のお金は公的な社会保険で賄えますが、これはあくまで「最低限」。自分が死んだあと遺族に十分なお金を遺したいというときや、保険適用されない最先端の医療を受けたいとき、年金受給額以上の生活をしたいときには、自分で「足りないぶん」を補う必要があります。その役目を果たすのが、民間の保険です。

とはいえ、何でもかんでもリスクに備えようと思ったら、保険料が高額になってしまう。保険は割のいい投資とは言えませんから、**高額な保険料を支払うくらいなら、もっと高利率の投資に回したほうが賢い使い道です。**少なくとも最低限の保障は国がしてくれるのですから、あなたがそれ以上に備えたいリスクが何かを考えることから始めましょう。

その保険、ホントに必要？

じつは、世の中には保険に加入しなくていい人たちがいます。誰だと思いますか？ それは「お金持ち」。そう、お金持ちは保険に加入しなくてよいのです。何が起きてもお金に困らないなら、保険はいりませんからね。

もしも、あなたが今5億円の資産を持っていたとしたら……あなたが死んでも家族は十分暮らしていけます。ケガや病気をしても高額治療を思う存分受けられるし、お子さんが望むなら海外の大学に進学させることもできる。それなら保険は不要ですよね。**保険とは、まさに資産ができるまでの「保険」なのです。**

よく「今は入ってないけど、いつか保険に入らなきゃ」と言う若い方がいますが、それは逆！ 保険は「今入っておいて、いつかやめるもの」。そのためにも、保険よりも効率のよい手段で資産形成していくのが重要です。

保険は加入時の年齢が若いほど、トータルで支払う保険料が少なくなります（多くの保険会社でもっともお得なのは3、4歳で加入すること。お子さんがいる方は要チェック！）。若くて健康なうちに加入しておくことをオススメします。

ちなみに、「資産形成」を謳う貯蓄性の高い保険もありますが、やはり保険は保険。賢い投資先とは言えません。例えば、外資系保険会社が出している高利率の「ドル建て終身保険」でも、35年後には保険料の1・5倍にしかならないものがほとんどです。

「1・5倍になるならいいじゃん！」と思いがちですが、物価上昇は2倍で進むと言われているし、35年間ずっと預けておかないといけないため（一部を取り崩して使おうとすると高い手数料を払わないといけないので損）、効率のよい投資商品とは言えないのです。

アラサー・アラフォーの女性であれば、**月の保険料は5000円～7000円くらいが適正値。**もしそれ以上に払っているのであれば、何の目的でいくら払っているのかを確認し、過剰なぶんは解約し、もっとリターンのよい投資へ諭吉さんを働かせに行かせるほうがよいですよ♡

自分で働くのがトレーダー、諭吉に働いてもらうのが投資家

みなさんは「投資」と聞くと何を思い浮かべますか？　株式投資を思い浮かべる人もいれば、ＦＸを思い浮かべる人、マンション投資を思い付く人もいるかもしれませんね。

ひと口に投資といっても、その種類は多種多様。まずはじめに、代表的な投資の種類をご紹介しておきます。

		リスク	特徴
個人向け国債	★☆☆☆☆	★☆☆☆☆	リスクはほぼないが、物価上昇には勝てないので、銀行預金よりはマシという程度
不動産投資	★☆☆☆☆	★☆☆☆☆	投資金額が大きいが、安定しており長期視野で行う投資。生命保険代わりにもなる
iDeCo〈個人型確定拠出年金〉	★★☆☆☆	★☆☆☆☆	60歳以降に年金代わりに受け取れる制度。税制優遇があるが、課税のタイミングが違うだけなので、本質的にお得とはいえない
金	★★☆☆☆	★☆☆☆☆	現物資産の王様。価値が激減することのない安定資産だが、配当や利息を生まず、売却益しかない
個人向け社債	★★☆☆☆	★★☆☆☆	会社が倒産するリスクはあるが、比較的リスクが小さく、満期まで保有すれば決まった利息が受け取れる。国債よりリターンが大きい
投資信託	★★★☆☆	★★★☆☆	プロがさまざまな金融商品を組み合わせてパック売りをしているイメージ。運用もプロまかせなので手軽で初心者にも〇。ただし、手数料がかかる
REIT〈不動産投資信託〉	★★★☆☆	★★★★☆	不動産に限定された投資信託。利回りが高いが、リスクも大きめ
株式投資	★★★★☆	★★★★☆	流動性があり、好きな銘柄が選べる。最近は小額から始められる
暗号資産	★★★★★	★★★★★	変動が激しく、投資というより投機に近い商品
FX〈外国為替証拠金取引〉	★★★★☆	★★★★★	レバレッジがかけられ、小額から大きな投資ができる。変動幅が大きいため、利益確定や損切りがうまくできないと危険

投資で押さえるべき重要ポイント

このように種類がいろいろある投資ですが、じつは私も全部をきちんと把握しているわけじゃありません（笑）。テストでいい点を取るために教科書を丸暗記する必要がないように、ポイントさえ正しく押さえておけば投資もうまくやっていけるのです。

私が考えるポイントとは、その投資で「【トレーダー】になるのか【投資家】になるのか」を判断すること。「え、一緒じゃないの？」と思ったアナタ。この2つは似て非なるものなんです。

まずトレーダーというのは、株式や先物、オプションといった「リアルに存在しないもの」を買います。トレーダーが気にするのは、市場価格そのものです。彼らは、相場で起こる値動きの変化から生まれる価格の差益で儲けます。

投資家というのは、数年から数十年の長期的な視野に立って、自分の投資が将来的に価値を生むという見込みのもと、「リアルに存在するもの」を買って長期に保有する人のことを言います。つまり、投資家は現物を買い、保有するということ。

有名な投資家にウォーレン・バフェットがいますが、彼は株という目に見えないものを買っています。しかしトレーダーとは違い、日々変化する株価はまったく気にしません。彼は株を通して、経営陣や製品、市場シェアをひっくるめた「企業そのもの」――つまり「リアルに存在するもの」に投資しているからです。

どちらがいい、悪いという話ではなく、このどちらを選ぶかであなたの投資スタイルがまったく変わってくるのです。

自分が働くのか、諭吉が働くのか

結局のところ、トレーダーは日々忙しく為替やパソコンとにらめっこして、売買にいそしまなくてはなりません。私もたまにトレードをやるので身をもって痛感していますが、トレーダーはアスリートや自営業と同じ、自分の時間を消耗して稼ぐスタイルです。私にとっては、むしろ投資というよりスマホゲームに近い感覚。やるとしても、本当に暇なときだけ、趣味や遊びとしてしかやりません。

一方、投資家は、自分が動くのではなく、自分のお金に働いてもらいます。投資家本人が毎日何かしなければいけないということはなく、諭吉さんの働きぶりをときどきチェックするくらい。つまり、放っておけるってこと。

ここがとても重要で、この2つを区別して考えないと、忙しい自分の味方として投資を取り入れたつもりが、株価や為替とにらめっこして神経をすり減らすことになりかねません。

投資家を自称する多くの個人投資家が、実際にはトレーダーのような行動をしているのは、この根幹となる部分をきちんと理解できていないからです。

あなたは何のために投資を人生に取り入れようと思いましたか?

きっと、どんなときでもお金に困らないようにするため、自分がしたいことに専念できるようにするためだったはず。

であれば、**みなさんが投資をする際にまずチェックするポイントは、「自分が動くのか、諭吉が働くのか」、どちらのタイプの投資であるかということです。**

私も、株や仮想通貨を持っています。でもそれは短期間で売買するというよりは、「この企業（仮想通貨を出している会社）を応援しよう」とか、「すぐに利益は出なくても数年後に化けそうだ」と思うから買うのです。そういうものからは、忙しく売買して利益を出そうとは思っていません。

私にとって、投資とは「諭吉さんに働いてもらう」もの♡

だから選ぶのはどれも「ほったらかしにできる」タイプの投資です。

お金持ちが必ず実践している「他力上等」の投資法

ここでもうひとつの投資スタイルをご紹介しましょう。

それは、「まかせる」タイプ。私も最近はこの方法をよくとっています。

まかせる相手は投資によって異なります。

まずは投資信託。資金の運用を運用会社というプロがすべてやってくれます。運用のプロにまかせたほうが成功率も上がりますし、何より手軽なのが魅力です。

次に会社債（社債）。社債とは、企業が資金調達のために投資家に発行する債券です。いわば企業にお金を貸しているようなもので、その会社が成長すれば貸したお金は増えて戻ってきます。その企業の経営陣や会社の将来性を見込んで投資するのですが、実際に会社を大きくし、業績を出すのは、私ではなくて会社側。つまり企業におまかせするということですね。

最近、私がよくやっている事業投資は仕組みにおまかせするタイプです。私自身が現場に出る機会もありますが、基本的には私がいなくても利益が生まれます。なぜなら、そこにはマニュアルがあり、設備があり、その事業をうまく回す仕組みができているから。

さらに、私の友人たちもよくやっている不動産投資。これも購入しさえすれば、不動産管理会社におまかせしておける投資です。自分が動かずとも利益が見込めるので、勤続年数が長い方や年収が高い方はぜひ検討することをオススメします（不動産投資については161ページ参照）。

忙しい人ほどプロにまかせる

ここ数年、企業の副業・ダブルワーク推進は目覚ましいものがありますし、コロナ禍で副業希望者は倍増していると聞きます。知り合いにせどり系の副業をやっている方がいますが、コロナで参入する人が増えたために、かつて月に30万円あった収入が1万円ほどになってしまったと言っていました。

結局、副業も自分が労働しなければお金を得られない働き方。

本業や恋愛、趣味に子育てなど、やりたいこと・やらなければいけないことが山積みのアラサー・アラフォー女性には、「諭吉さんに働いてもらう」タイプや「プロにおまかせする」タイプの投資をうまく取り入れてもらいたいと思います。

どれかひとつに絞る必要ある？
全部目指せばいいじゃない♡

トレーダーと投資家の違いに関連して、「キャッシュフロー・クワドラント」の考え方についてもお話ししておきたいと思います。

キャッシュフロー・クワドラントとは、ベストセラーになった『金持ち父さん 貧乏父さん』（筑摩書房）の著者として有名なロバート・キヨサキ氏が用いている用語。

ここで言うキャッシュフローとは「お金の流れ」のことで、クワドラントとは「4分割」ということ。簡単に言うと、世の中で収入を得る方法は、下図のように4つに分類できるということです。

ロバート・キヨサキ氏は、キャッシュフローを増やし、お金と時間にゆとりをもたらすためには、このキャッシュフロー・クワドラントを意識することがとても大切だと説いているのですが、この4分類、それぞれのクワドラントが「何を得ているか」と「何を対価にしているか」で考えると、とてもわかりやすいのです。

E（従業員）が得ているのは「保障」です。病気で仕事を休んでもお給料はもらえますし、会社に在籍しているという信用があるから不動産も買いやすい。そ

キャッシュフロー・クワドラント

E = Employee （従業員）	B = Business Owner （ビジネスオーナー）
S = Self Employed （自営業者）	I = Investor （投資家）

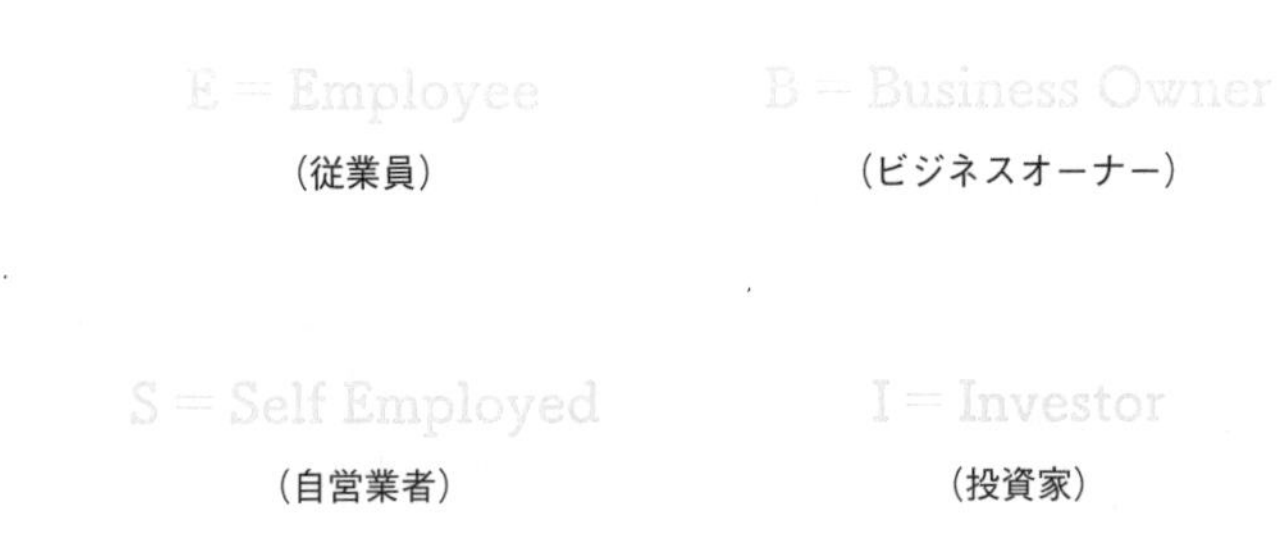

のために彼らが差し出すのは「時間」です。彼らは働く時間を対価にしてお給料を得ています。

B（ビジネスオーナー）が得ているのは「機会」です。ビジネスオーナーというのは、会社経営者のなかでもシステム（仕組み）を持っている人のこと。システムをつくることで、自分の代わりに人が働けるようになり、売り上げが出せ、会社を成長させるチャンスを得ています。つまり、「人材」を対価にして収入を得ているということ。逆に言うと、スタッフが急に辞めてしまう、働きぶりの悪い社員を雇ってしまうなど、他人に影響される部分が大きいとも言えます。

S（自営業者）は能力第一で働く人。アーティストやアスリートがイメージしやすいかと思います。彼らが得ているのは「自由」です。仕事をするのも休むのも自分次第。そのために支払うのは、突出した「能力」です。能力とやる気次第で収入が増える半面、本人が働けなくなったら収入が途絶えるというリスクもあります。

I（投資家）が得ているのは「時間」です。彼らが支払う対価は「お金」。お金を差し出すことで、ゆとりのある時間を得ている。人ではなく、諭吉さんに働いてもらうというわけですね。

自分が労働しなくてもお金が稼げる仕組み

このクワドラントは、右側と左側で「働くのは誰か」という観点でも分けられます。左側に位置するE（従業員）とS（自営業者）。彼らがやっているのはどこまでいっても「時間の切り売り」です。

例えば、「儲かる仕事」の代表ともいえる医師や弁護士ですが、彼らが分類されるのは自身の能力を使って仕事をするS。診察や手術、法律相談や裁判には自らの手を動かさなくてはいけないし、病院や事務所に一定時間いなければいけないので、時間の切り売りをしているという状況からは逃れられません。EやSの立場で稼ぐには、どうしても自分自身が時間を使って働くことが必要なのです。

これに対して、「自分が直接働かなくてもお金が生み出せる」のが、クワドラントの右側です。従業員に働いてもらうのがB（ビジネスオーナー）、お金に働いてもらうのがI（投資家）ですね。どちらも仕組みをつくってお金を産み出すという点では同じですが、Bは従業員の管理やマネジメントが必要で、人が増えれば増えるほど、会社が大きくなればなるほど、責任も増大します。対して、Iにはそうした苦労がありません。

人間は文句を言うし、さぼるし、病気になることもあれば、辞めていく人もいる。でも、働いてくれるのが「お金」だとしたら……。お金は文句を言わないし、さぼらないし、病気にもならなければ、辞めることもない。**現実的に、一番自由度の高い稼ぎ方が「I」クワドラントなのです。**

クワドラントの一極集中には要注意

世の中の構成比は、9割がクワドラントの左側を占めると言われています。おそらく読者のみなさんの大半も、ＥかＳでしょう。

聞くところによると、ネットワークビジネスなどでは、この図を出して、ＥやＳの方たちに「Ｂを目指そう」「Ｉを目指そう」と巧みに勧誘してくるとか。でも、ここに大きな思い込みが発生しているのです。

じつは、４つのクワドラントのなかで属するのは、どこか一カ所でなければいけない、なんてことはないのです。つまり、複数のクワドラントを持ってもいいということ。

実際に複数のクワドラントを持っている人はたくさんいます。

例えば、Ｅ＋Ｅ。給与明細を２つ持つ人ですね。昼は会社員として働き、終業後にまた別の仕事をするというのは、Ｅを２つ掛け持ちしているということ。ダブルワーカーとも呼ばれます。Ｅ＋Ｓという人もいます。会社に属してお給料をもらいつつ、週末起業をしている方や、ハンドメイド作品をサイトで販売するといった方が当てはまります。

自らお店に出て働くコンビニのオーナーなどは、Ｂ＋Ｓです。ビジネスオーナーとしてお金のリスクを負い、かつ店長として自らレジに立って時間も使っているからです。

そしてもちろん、E＋I。会社員でありながら、さらに投資でお金を得ている人たち。「サラリーマン大家さん」と呼ばれる人は典型的なE＋Iですね。

このように、クワドラントをまたいで複数に属することも可能なのです。

「自分はサラリーマンだからE。もっと稼ぐには給料のいい会社に転職しなければ」「自分はフリーランスのS。もっともっと仕事を取ってこなければ金持ちにはなれない」ついこんな発想になりがちですが、クワドラントの4つは組み合わせが可能であり、キャッシュフローを得るための選択肢はいくつもあるということを知ってほしいのです。

目指すべきはハイブリッド・クワドラント

もっとも望ましいのは図のど真ん中、4つのクワドラントすべてを持っていること。実際に、私は4つすべてのクワドラントに属しています。

E……自分の会社からお給料をもらっています。

S……現在、他社の社外顧問を務めていますが、この会社の業績が上がれば、私の顧問料は上がっていく契約になっています。

B……会社の経営者として社員・スタッフに働いてもらい、利益を生み出しています。

I……自分が働かない投資も、もちろんいくつもやっています。

こんなふうに、クワドラントとクワドラントを組み合わせた**「ハイブリッド・クワドラント」こそ、賢い女性がこれからの時代に目指すべきもの。**

4つすべてをいきなりカバーするのはかなり大変なので、もし今のクワドラントがひとつであれば、まずはもうひとつ増やしてみる。そんなスモールステップから始めてみてください♡

オイシイ情報が
ネットで出回るワケがない！

今の時代は本当に情報こそが資産を増やすための「要」。資産の差は情報格差から生まれるといっても過言ではありません。インターネットの発達した現代、ちょっと検索すればさまざまな情報が手に入ります。でも、その情報も玉石混交。まるっきり正反対のことが言われていることも少なくありません。

私が断言できるのは、「いい情報・儲かる情報はネットには転がっていない！」ということ。こんなにインターネットが発達していても、結局いい案件や情報というのは、限られたアナログな人間関係のなかだけで回されている、それが本当のところです。

では、どうやってよい投資案件を入手すればいい？

3章でもお伝えした「心得④　環境を整える」、これが大切。私はツテをたどったり、ネットやSNSで知り合ったりして、うまくいっている人たちのなかに飛び込みました。

ネットには、投資でうまくいっているふうな人がたくさんいる。コミュニティを提供している投資アドバイザーやファンドも山ほどあります。そのなかには見かけ倒しの人もいれば、詐欺師もいるかもしれない。でも、たしかに成功している人がいるのも事実。

ネットの賢い使い方としては、投資の勉強や案件を知るためというより、うまくいっている人を見つけるためのツールとして考えるのがいいと私は思っています。

そして、見つけたあとは実際に会いに行って確かめる！　会いもせずに、話も聞かずに、良し悪しを決めるべきではありません。

ネットでの評判も見てもいいけど、最後は自分で判断すべき！　です。

こんな人は選んじゃダメ！　危険な「なんちゃって成功者」

それでも、明らかにオススメしないタイプだけはお伝えしておきます。

①2番手以下が稼いでいない

一人で大金を手に入れるのは簡単です。難しいのは「自分の部下まで稼がせること」。トップは儲かって見えるのに部下や周りがそうでない場合は、その人の投資理論は再現性がないということです。下手をするとトップの養分になってしまっている可能性も……。周囲の人まで豊かになっているかをチェックしましょう。

②自分で投資をしていない

人に勧めておいて自分はやっていない、なんてもってのほか。化粧品でも食べ物でも、自分が用いていないのに、「これすごくいいですよ」と勧めるセールスの方がいたら信用なりませんよね。ましてやお金が必要な投資なら言わずもがな。本人がその投資をやっているかどうか、それとなく聞いておきましょう。

③借り入れをさせようとする

投資したいけど元手がないといったときに、借り入れ（借金）をさせようとする人や業者は絶対にNG。投資で騙された方の話をたくさん聞いてきましたが、借金をさせて、そのお金で投資をさせるというスキームを使っているところは、ほぼ飛んでしまっています。不動産投資でローンを組むというならともかく、キャッシングなどで借りるように勧めてくる人を信用してはいけません。

以上3つが私のチェック基準です。これ以外の人のなかにも詐欺師はいるかもしれないけれど、少なくともこの3つに該当する人を私は絶対に信じません。

素直にすぐ実践！　が鉄則

最後に、あなたがいい情報をもらえるかどうかは、あなた自身の姿勢にかかっているということもお伝えしておきます。

私もたくさんの人を見てきたけれど、情報をもらえる人、もらえない人に明確な違いがあることに気づきました。**情報をすんなりともらえる人は、素直にすぐ実践する人。**もらえない人は、自分の考えに固執したり、情報を求めるだけで行動には反映されない人。

〝だめんず〟と付き合っている女子に「別れて次にいったほうがいいよ」「いい人紹介しようか」ってアドバイスしても、なかなか行動に移さない人、みなさんの周りにもいませんか。婚活のお世話が好きな私でも、さすがに付き合いきれん！ と思っちゃう。

投資とはいえ、結局は人と人とのつながりです。ルーズだったり、反抗的な態度をとったりする方には、成功者も諭吉さんもそっぽを向きますよ。素直にすぐ実践する――これがお金に愛されるための手っ取り早い方法です♡

それでも「自分の人を見る目が信じられない」「とにかく怖い、慎重にいきたい」という人には大手証券会社をオススメします。ローリターンだし、手数料も高いけど、安心感はピカイチ。あなたがどんな人間でも受け入れてくれるはずですよ。

あなたにもある！
投資に使えるお金以外の資産

投資を始めるためには、元手となる「お金」が必要だと思っていませんか？　たしかに、現金は投資の元手として重要な存在です。

しかし、現金がなくても、じつは投資に使える資産を持っている可能性があるのです。資産という言葉は、「資（財貨や財産）を産む」と書きますが、財産を産むのは現金だけではありません。株式や保険、人脈や情報、若さや信用なども資産のひとつ。

そこで、ここではアラサー・アラフォーの女性が持っていて、投資に活用できる資産を2つほどご紹介します。

不動産投資に最適な「キャリア（信用）資産」

あなたは今どこかの会社にお勤めしていますか？　その会社にはどれくらい在籍していますか？

もしも勤続年数が2年を超えていて、年収が500万円以上あれば、不動産投資ができる可能性が高いです。

不動産は今すぐに毎月の不労所得になるという時代は終わってしまいましたが、キャリアという信用資産を生かせば、元手ゼロで不動産を買うことができ、数年〜15年後に売却できれば300〜500万円を手に入れることも夢ではありません。

キャリアがなくても、自分用のマイホームであれば購入できる見込みがあります。

このキャリア資産のよいところは、会社での評価や働きぶりはチェックされないということ（笑）。

もし長年勤めていた会社を辞めて、独立や転職を考えている方は、**会社にいる間に不動産投資を進めておいたほうが得策です。**買った直後に転職しようと辞めようと、不動産はあなたの財産であり続けてくれます。

使える資産は使えるうちに、最大限活用しましょう♡

あなたが会社で過ごしてきた時間が信用となり、その信用を生かすことで、将来的に数百万円が手に入ると考えると、毎日会社に行くのも苦ではなくなりませんか？

「時間」資産を活用して積立投資を

時間（若さ）というものも資産のひとつです。

特に積立投資という、毎月コツコツやっていくタイプの投資には時間が重要。

数字を使って考えてみましょう。年利8パーセントの複利運用と同じ状況で、20歳の方が毎月3万円、30歳の方が毎月6万円、両者とも65歳まで積み立てしていくとします。65歳時点でそれぞれが積み立てた総額は、20歳の方は1620万円、30歳の方は2520万円となります。一見、30歳のほうがたくさん資産があるように見えますよね。

しかし、年利8パーセントの複利運用で最終的に形成される資産は、20歳の方が約1億5800万円＝約10倍、30歳の方は約1億3700万円＝約5倍となり、20歳の人のほうが得をしているのです。

積立投資は若ければ若いほど有利であり、時間をかけてコツコツやっていける人こそ利幅が大きいと言えます。

若くてまだ貯金の額が少ないというような方は、積立投資を上手に取り入れることで資産を賢く増やすことができます。

時間を味方につける複利とは

積立投資では複利を味方につけると、同じことをしていてもまったく結果が異なります。複利とは「利子にもまた利子がつく」こと。対して、単利は預けたお金だけにしか利子がつきません。

例えば、１００万円のお金を20パーセントの利回りで運用した場合の単利と複利の違いを見てみましょう。

単利の場合、元本１００万円に対し、もらえる利息は１年後に20万円です。次の年も元本は１００万円なので、利息は20万円ずつ増えていきます。

一方、複利の場合、１年後は単利と同じくもらえる利息は20万円ですが、２年目は利息の20万円を加えた１２０万円が元本になるため、得られる利子は24万円となります。ここから少しずつ違いが出てきます。次の年は元本が１４４万円になって、利子は28万８０００円。もらえる利子がどんどん増えていくんです♡

10年間運用した場合、元手１００万円に対し、単利だと３００万円、複利だと約６２０万円になります。単利と複利では、じつに2倍以上の開きが出る！

あなたがもし、毎月5万円貯金する習慣があるのなら、その預け先を銀行から積立投資に変えてみてください。５万円の行き先を変えるだけで資産がどんどん増えていくはずです。

複利はうまく利用できれば、あなたの資産を雪だるま式に増やしてくれます。ぜひ覚えておいてくださいね。

理想は柱をいっぱい増やして
それをどんどん太くしていくこと

ここまでさまざまな種類の投資についてお話ししてきましたが、本書ではひとつの投資に絞ってノウハウを紹介するようなことはしていません。なぜかというと、ひとつの投資に絞って投資をするのでは意味がないからです。

人生の選択肢を増やすため、そして自立した環境を手に入れるために投資を始めたはずなのに、ひとつの投資だけだと、それだけに頼ってしまうことになります。それは結局、収入源を会社だけにしていることや生活を旦那さんの経済力だけに頼っているのと同じ。ちょっときつい言い方をすれば、依存先が変わっただけにすぎないのです。

もちろん、スタート時はひとつでＯＫ。でも、それをだんだん増やしていくように心がけましょう。

一括投資、積立投資、不動産投資、ハイリスクな案件、仮想通貨と分けてみる。円だけでなく米ドルやオーストラリアドルを保有してみる。株を買うにしても同じ業種に偏らせず、医療系とＩＴ系と外食産業……というように散らばせる。

こんなふうに分散させていけば、リスクも分散できます。

１本の柱は最低１００万円が目安

冒頭で収入の柱を何本も立てるとお話ししましたが、投資も柱を複数立てるイメージです。

とはいえ、その柱の１本１本が細すぎては結果を出しにくいのも事実。ひとつの投資にかける金額があまり小さすぎては意味がありません。

積立投資は小額からできるのでちょっと違うとしても、株式投資や一括投資の柱は最低でも100万円からがいいと思います。

もし今100万円しかないのであれば、それを10万円ずつ細切れにして10本の柱にするよりは、100万円でまず1本の柱を立て、そこから出てくる利益で次の柱を立てるようにする。あるいは、不動産投資のように元手がいらない柱を立てたり、積立投資のようにコツコツ小額からつくれる投資を始めてみるのも一計。

こうして分散した状態を叶えられるようにするのが理想的です。

使うのは、お金から生まれたお金だけ⁉

投資を始めていくと、配当金や投資による利益が手に入るようになります。

でも、そのお金を使うのはちょっと待って！　仮に配当金が30万円入ってきたとします。つい欲しかった服やバッグを買いたくなるかもしれませんが、そこはぐっとこらえて、その30万円はまた別の投資に再投資してください。

「え〜、贅沢したくて投資を始めるのに」と思った方。もちろん投資で生まれたお金を使ってもいいのです。だけど、それは「純粋な投資から生まれたお金」にしましょう♡

配当金が入るたびに使ってしまっていたら、投資をしていても資産は一向に増えません。最初の投資はきっと、今までにがんばってつくった貯金、あなたが一生懸命に働いて手にしたお金を元手にしているはず。だから、**そこで生まれた利益は使わず、それを再投資して、純粋に投資から生まれたお金を使うようにするんです。**

投資から生まれた利益で投資すれば、万が一消えてしまってもあなたにダメージはありませんしね。

私が今ディナーやショッピングに使うお金も再投資から生まれた利益を使っています。この鉄則を守れば、浪費の金額が投資の金額を超えることもなく、元金は増え続けていくのです。

レコーディングで投資家体質をつくる

ここまで、「お金の雇い主になって、投資を人生の味方につける」ための考え方を述べてきました。

ここからは、それを身につけるためのワークをご紹介します。

すごく実践的な内容なので、ぜひメモをとりながら取り組んでみてください。自分の人生を自分自身で動かすきっかけになると思います♡

ステップ1　目標を立てる

ステップ1は「目標を立てる」です。具体的な目標がないと、人間なかなか行動には結び付きません。だから、どんなものでもいいので、まずは目標を立てます。

ここでのポイントは、①叶えるのにお金が必要で、②今すぐできそうな目標を、③ひとつだけ決めるということ。

目標は小さいことでいいのです。むしろ大きい目標はファーストステップとしては適していません。「60歳までに資産1億円」とか「将来モナコに住む！」など、つい立派なものを掲げたくなりますが、大きな目標は達成までの道筋が十分イメージできず、脳が「無理！」と悲鳴を上げてしまいます。一度も山を登ったことがない人が、いきなりエベレスト登頂を目指すのは無謀ですよね？　エベレストは最後にとっておいて、まずは高尾山を登りきる（笑）。そんなふうに簡単に思えるものがちょうどいいのです。目安は3カ月程度で叶えられそうなものにすること。

大きな目標がある人は、それを細分化して最初の一歩になるような小さな目標をひとつだけ設定してください。最初から欲張ると、中途半端になったり息切れしてしまいがち。やりたいことをたくさん思いつく人も、ここは心を鬼にして、ひとつだけに絞ってくださいね。

狙いは、【お金を貯められる】【お金を増やせる】という成功体験をつくることです。

思いつかなければ、自分の好きなこと、興味のあることから選ぶのもOK。

●大好きなキャラクターのぬいぐるみを特注したい

●「アフタヌーンティー」が有名なお店巡りをしたい

●好きな漫画を全巻大人買いしたい

大事なのは、「有名だから」「羨ましがられるから」「SNS映えするから」など、〝他人軸〟な理由ではなく、「心から幸せな気持ちになれる」もしくは「自分の未来が輝く」目標を選ぶこと。

そして、モノや体験にお金を支払う類の目標を選んだ場合は、それにかかる費用も割り出しておきましょう。「沖縄で1週間バカンス」という目標なら、飛行機のクラスや出発日よっても金額は変わってきますよね。ホテルのランクは？　滞在中の食事の予算は？　楽しむアクティビティは？　なるべく具体的にプランを考えて金額を調べてください。

全部終わったら、**ノートに「目標」「必要な金額」「期限」を書いておきましょう。**

ステップ2　明らかなムダと生きたお金の使い方を考える

ステップ2では、自らの生活を振り返って、3カ月でどうしたら目標を達成できるのかを考えます。

例えば、「ずっと憧れだったティファニーのピアスを手に入れる」という目標を立てたとします。年収は事務職平均の360万円、ピアスは10万円として、3カ月でどう10万円を捻出しましょうか？　単純計算すれば、毎月3万3333円が必要になります。

付き合いの飲み会や何となく参加していたイベントを見送る？

タンスの肥やしになっていた洋服やコスメをフリマアプリなどで売る？

外食を控えて自炊して節約してみる？

保険を見直して、不必要な生命保険を解約する？


きっといろいろな方法が考えられると思います。

まさにここが重要！　だって「今の自分で叶えられそうだけど叶えられていない」目標に取り組むのです。毎月３万円をつくろうと思うと、今の自分のままではいられません。ムダを見直し、活用できるものはないかを考え抜くことが必要。これが「頭を使って実践する」→「成功する」という成功者マインド・投資家感覚を養う第一歩です。

自分がお金を貯めるためにできることと、それによって生まれる金額を、思いつく限りノートに書いていきましょう！

ステップ3「消・投・浪」家計簿をつける

いよいよ最後のステップです。みなさんは「レコーディングダイエット」をご存じですか？　毎日の食事内容や体重を記録するだけで、自然と食事バランスがよくなったり、ムダな間食が抑えられたりして痩せられるという有名なダイエット法です。

じつは、投資家になるためのファーストステップにも、このレコーディングが有効！　日々のお金の出入りを記録することで、自分のお金の使い方を客観的に認識できるようになります。「そんなに使っていないのに、なぜか家計がカツカツ……」というあなた！　それは「あまり食べてないのに太っちゃう」というのと同じこと。日々の支出をしっかり見つめることで、目標達成への道が開けてきます。

私も数年前までは家計簿をつけて、お金の使い方を把握したり、見直したりしていました。効果的に家計簿がつけられるように考えた方法がありますので、ぜひ次からのページで実践してみてくださいね。

投資女子の家計簿は支出を3つに分ける

あなたらしい「投資」を考えることは自分らしい生き方を見つけること

「すでに家計簿をつけているけど、投資家マインドが身についていません」という方もいるのではないでしょうか？　ここに投資女子流の家計簿のつけ方のポイントがあります。

ここでのポイントは、支出を「消費」「投資」「浪費」の3つに分けて考えること。

●**消費**……生活するのに必要なモノ・コトにかかる出費。一番大きなものは住居費。そして次に食費や水道光熱費。医療費もここです。女子には必須の被服費やクリーニング代も忘れずに。化粧品や日用品など、自分にとって最低限必要な経費はこちらに入ります。

●投資……将来の自分や家族の成長につながる出費。投資で運用するためだけでなく、昇給や昇進を目指して自己投資するお金も含まれます。

●浪費……生活する上で必要というわけではない出費。お酒や必要以上の嗜好品や交際費など。着る機会のない洋服や靴など、ここは人によっても品目が変わってくるかもしれません。

すべての支出は消費・投資・浪費に分けられます。自分がどこにいくら使っているか、1カ月でいいので記録してみてください。

振り分けをするにあたって、若干の注意点があります。それは「投資」のカテゴリー。ここには、投資で運用するお金はもちろん、昇給・昇進・キャリアアップにかける費用やお子さんの将来のための塾代など、将来の自分や家族の成長につながる出費が含まれます。ということは、自分磨きや自己投資の一環として行っている習い事や資格取得費も「投資」枠に入るのかと思いきや、必ずしもそうと言えないケースも多いので要注意。

見分け方はとてもシンプル。「そこからお金が生み出せているかどうか」です。

例えば、ファッションスタイリストの資格を取ったとしましょう。自分でスタイリングサービスを販売し、毎月コンスタントに稼げるなら、そのお金は「投資」に振り分けてOK。でも、資格を取っただけでビジネスにしておらず、1円も生み出していないなら、それは趣味。なので「浪費」枠に入ります。

逆に、「浪費」だと思っていたものが「投資」として振り分けられる場合もあります。例えば、ブランドもののエレガントなスーツ。まあまあ高額であることが考えられるので、通常ならこの支出は自分の趣味の範疇(はんちゅう)、「浪費」の項目に当たります。

でも、営業の仕事や講演業などをしている人が、このスーツをビシッと着こなしているおかげで売り上げを伸ばしているというのなら、それは「浪費」ではなく「投資」。だって、スーツのおかげでお金が生まれているんですから♡

「消・投・浪」の割合は「6：3：1」

こうして仕分けしていくと、100円を使うのですら、「これは消費か投資か浪費か」と自然に考えられるようになります。よく、「お金持ちって意外とケチ」とか、「常人では考えられないところに多額を使う」なんて話を聞きますが、彼らはまさに「そのお金を支払うに値するかどうか」をジャッジできているのです。

いくら値段が安かろうと、自分に必要なモノでないならビタ一文も支払いません。逆に、支払う価値があると感じるものには何億という金額をポンと払う。そこに投資する価値があると感じるからです。

さあ、あなたはいったいどれくらい消費・投資・浪費にかけていますか？　今日から1カ月記録していきましょう。

スマホのアプリでデジタル管理をする方も多いかもしれません。そういう方は、①家計簿アプリをダウンロードして、②カテゴリーを消費・投資・浪費の3つに分けます。手書きが好きな方は、182〜183ページの家計簿をコピーして活用してみてください。記録することが大切なので、どちらの方法でもOKです。とにかく毎日続けることが重要！

1カ月間の記録をつけ終わったら、「消・投・浪」それぞれの割合を算出しましょう。理想の割合は、消費60パーセント・投資30パーセント・浪費10パーセントです。手取りの月収が30万円の場合なら、「消費＝18万円」「投資＝9万円」「浪費＝3万円」が黄金バランス。

あなたの【消・投・浪】の割合はどうでしたか？

こういった記録をつけると、浪費の割合ばかり気になって、消費や浪費を切り詰めよう、節約しようと考える人も多いのではないでしょうか。もちろん収入に対して明らかにムダ遣いが多いのであれば、見直すことも大切なのですが、それよりも注意するべきは投資比率です！

そもそも、浪費は悪いことではありません。浪費は人生のうるおいです。あらゆる娯楽や楽しさを捨てて生活を切り詰め、貯金1億円をつくって満足、という人生は本末転倒です。自分を喜ばせる、自分の心が豊かになる体験をするためにお金を使うことはとてもよいことです。

浪費の割合が投資の割合を超えていなければ問題ありません。

今は投資ゼロで、浪費25パーセントという方は、25パーセントのうちの15パーセントでいいので、今すぐ投資に回すことをオススメします。

私もエルメスやシャネルをよく買いますし、毎晩高級ディナーをいただいています。インスタだけを見ている方には、贅沢好き、浪費家なんて印象を持たれるかもしれません。でも私は浪費の何倍も投資にお金を回しています。むしろ割合でいえば浪費は微々たるもの。300万円浪費に使おうと、投資に900万円投じていれば、比率的には理想的♡

投資家を志すのであれば、額ではなく割合で考える習慣をつけてください。

家計簿Sheet

／ FRI	／ SAT	／ SUN
円	円	円

今週の集計	金額
住居費 管理費	円
水道光熱費	円
通信費 携帯代 ネット代	円
生命保険料	円
食費	円
日用品費	円
医療費	円
被服費 クリーニング代含	円
レジャー費 外食 交際費 習い事	円
その他	円

消	円
投	円
浪	円
合計金額	円

※コピーしてご使用ください。

記入は…

スーパー ㊛食 3,482円 というように　　　　　に！

消 生活に必要なモノ・コトにかかる出費				
投 将来の自分や家族の成長につながる出費				
浪 生活に必要というわけではない出費				
合計金額				
ひと言メモ				

Work Sheet

家計簿を1カ月つけたら「消・投・浪」の割合を算出してみよう

1カ月間の記録をつけ終わったら、「消・投・浪」の合計額を出し、月収に対する割合を算出します。家計簿と同様、コピーして活用してください。

Step 01 「消・投・浪」の合計額を出す

	1週目		2週目		3週目		4週目		合計
消	円	+	円	+	円	+	円	=	円
投	円	+	円	+	円	+	円	=	円
浪	円	+	円	+	円	+	円	=	円

Step 02 月収に対する割合を出す

合計額　　手取り月収

÷ ×100 =

÷ ×100 =

÷ ×100 =

Step 03 「消・投・浪」の割合をグラフにして見える化する

色分けするなどして
一目でわかるように
書き込んでみましょう。
理想の割合は、消:投:
浪＝6:3:1です。

このワークを毎月行って、「消・投・浪」の割合が変化したかをチェックしましょう。「浪費」になった支出はどんなものでしたか？　「浪費」を「投資」に変えるにはどうしたらいいでしょうか。お金の使い方について考えてみましょう。

自分の時間・体力・思考を奪う不要なものとはオサラバ

ここまでご紹介したワークに取り組んでいただければ、「ムダを正しくカット」し、「生きたお金の使い方」ができるようになっているはずです。

あとは、スピードと目標サイズを大きくしていくだけ。行動すればするほど、望む世界が手に入るスピードは上がっていきます。

それでも、もっともっとスピードを上げたいという方のために、私自身が実践している

オススメの方法を伝授します♡

方法はとてもシンプル。**「断つもの」を決めるのです！**

「決断」というのは、意志をはっきりと決めるという意味ですが、読んで字のごとく「断」つものを「決」めるということでもあります。

何かをやろうと思ったら、「何をやらないか」も決めなくちゃいけない。ただでさえ忙しいアラサー・アラフォー女性が、今あるたくさんのＴｏＤｏやしがらみをそのままにして、新たに取り組むことで成功しようというのは不可能に近い!!

そこで、まずは捨てていいもの、省けるものがないかを考えてみてください。

職場のムダな人間関係（仕事を円滑にするため以上の過剰なコミュニケーション）。

帰宅したら何となくつけてしまうテレビ。

ついつい見てしまうインスタグラムやネットニュース。

捨てようと思っているのにまだ部屋を占拠する不用品。

惰性で付き合い続けている、もう好きでも何でもない彼氏。

それらはあなたの貴重な体力・時間・思考を奪っています。

千里の道も一歩から！

私は会社員時代、通勤時間がムダだと思い、会社の真隣のマンションに引っ越しました。その結果、通勤時間はたった1分に短縮（笑）。通勤ラッシュで体力を消耗することもなくなり、そのぶん仕事に打ち込めて、いい成績を残せました。

離婚したてのときもそう。それまで持っていたハイブランドの洋服も靴もバッグもジュエリーも手放して、１Kの部屋にあるのはベッドと机とイスのみ。テレビはもちろん、冷蔵庫すらない部屋。

だからこそ、寝るまで机に向かって勉強し、起きたらすぐにＰＣを開くという生活が送れ、自分の願いは自分ですべて叶えられるようになりました。

いきなり会社の近くに引っ越したり、テレビを捨てるのは難しいかもしれない。でも、いつもネットサーフィンするときにチェックするアプリやブックマークを消すとか、テレビの電源を引き抜いてクローゼットにしまうとか、会社でのムダな立ち話はやめてそのぶん仕事に励むといった小さなことは、今日からでもできるはず。
浮かせた時間が1日たった10分でも、1年で見れば60時間、2日半にもなります。

あなたの人生で断ってもいいものは何ですか？
それがなくなるとどれくらいの時間が浮きそうですか？
その時間を目標達成のためにどう使いますか？

例えば、「夜寝る前にスマホで漫画を読む時間15分」を「ストレッチとスクワットをする時間」に置き換えるだけで、引き締まった理想のプロポーションを手に入れることができる♡

そんな理想の自分を思い描きながら、あなたの断つものと、それを何に置き換えるかを書き出してみてください。

Chapter 05

人生を豊かにするお金の使い方

「自分のため」だけのお金は稼いでもけっこう虚しい

私たち人間は、何かしらの目的を持って生きています。

お金持ちになりたい、可愛くなりたい、痩せたい、素敵な彼が欲しい……etc.。そしてそれらを達成するために考えて行動します。その目的は人それぞれ違えども、最終的なゴールはすべて〝幸せ〟につながっていくものだと私は思っています。

冒頭でもお伝えした通り、私がお金を増やしたいと思ったきっかけは、憎しみや負のエネルギーからでした。

当時は代々木の1Kのマンションで「1年で1億円稼ぐ！」と目標を掲げていました。年収1億円にもなれば幸せになれると思っていたからです。自由な生活が手に入ると思ったし、またキラキラした華やかな世界に戻れると思っていました。だからがむしゃらに走って、私は好きなもの、やりたいことを何でも自分で叶えられるお金を手にできました。

最初は満足でした。欲しかったバッグもいくらでも買えるし、旬の美味を高級料理店で思う存分楽しめる。夜景の美しいラグジュアリーなタワーマンションに住み、ファーストクラスに乗って一流ホテルを味わう旅行にも行ける。欲しいものは何だって手に入る環境。誰にも縛られず、文句も言われない、「自由とはまさにこのことだ！」と感じました。

でも、ふと気づいたら、自宅には開けられていないハイブランドの箱が山積みになっているし、一人数万円もする記念日に行くようなレストランを普段使いにしても、一人で黙って1時間以内に食事を済ませる日々。心にぽかんと穴が空いた感じ。

ジュエリーやエルメス、予約の取れないお店での食事風景をSNSに投稿すれば、たくさんのフォロワーが「素敵ですね」「憧れます」と褒めそやしてくれます。でも、その称賛を浴びても満たされた気持ちにはならない。これっぽっちも。

気づけばある日、広々としたホテルのスイートルームに一人でいたときに、

「私って本当に幸せなの？」

と自分自身に問いかけていました。

欲望を満たすことは〝そこそこの幸せ〟でしかない

当時の私は、お金を稼ぐということに執着して、未来のゴール設定をせず、お金を〝自分のため〟にしか使っていませんでした。そこで私は、あり余るお金を自分の欲を満たすために使うのではなく、事業や投資を通じてヒトに費やそうと決めたのです。

今、私の周りには、「もっと売り上げを上げるぞ」と一生懸命楽しそうに働くスタッフや「投資のおかげで夢が叶いました。彩乃さんのアドバイスのおかげです」と言ってくれ

る投資女子がたくさんいます。みんなと過ごす時間を持てること、そして彼らの成長ぶりにお金を使えることに、とても幸せを感じています。

お金の使い方と幸福度については、その関係性を科学的に研究した『「幸せをお金で買う」5つの授業』(エリザベス・ダン、マイケル・ノートン著・中経出版)という書籍でも、単純に「モノを買う」より「他人に投資する」ほうが幸福度が高いことが述べられていま す。私も本当にその通りだと実感しています。**いくらお金を得たとしても、自分のためだけに使うのでは、感じられる幸せは〝そこそこ〟なのです。**

私の知り合いにはお金を持っている女性がたくさんいます。以前の私もそうでしたが、彼女たちの多くはハイブランドの品を身につけ、ホテルステイや高級な食事も日常茶飯事。そのライフスタイルを非難する気は毛頭ありませんが、彼女たちの欲望が尽きないのは、おそらく自分の欲を満たすだけでは得られる幸福感が少ないからではないでしょうか。ちょっとの幸せしか得られないから、「もっと高い商品を」「もっとレアな場所に」と数を重ねないと多幸感が得られないのだと思います。

与えよ、さらば与えられん

与えれば与えるほど、欲しいものが手に入る！

聖書には「求めよ、さらば与えられん」とありますが、欲しがってばかりの〝クレクレ星人〟のことが私は嫌いです。私のインスタグラムには、

「株の情報、教えてください」

「仮想通貨の情報、教えてください」

「何の投資やったらいいですか？」

といった欲しがり屋さんからのＤＭがよく届きます。

こういう方には共通点があって、それは、みんなお金がない！　とにかく無料で有益な情報を得ようとしたり、あわよくば人から何かもらおうとしたり。こういった貧乏マインドの方ほど、サービス料がないお店に対してサービスが悪いと文句を言ったり、無料のセミナーで情報が薄いとクレームをつけたりしがちです。

余裕のある方はその真逆！　まず自分から与えるのです。

私が親しくしている富裕層の方々は、お食事のときでも、お仕事のときでも、お会いする際に手土産や私が欲しい情報など、嬉しいサプライズを持ってきてくれる人が9割以上です。富裕層になればなるほど、挨拶代わりに〝与える〟ことをされているなと感じます。

それが日常茶飯事なので、私も地方に行ったときなどは、「これは○○さんに似合いそう！」「○○さんは日本酒が好きだったから買っていこう！」と、お土産探しに楽しみを見出すようになりました。

情報に関しても「この話は○○さんと引き合わせたらもっと面白いことになりそう！」「この投資は私もうまくいっているから、投資女子たちにシェアしよう！」とますます思うようになりました。

決して見返りを狙っているわけではありません。

そうすると気持ちいいし、嬉しい気分を味わえるので、自然とやるように変わってきたのです。

〝与える〟は幸せを得られる「投資」

こういった喜びは目には見えないものなので、ぜひ体感してもらいたいのですが、世の中は与える分だけ得ることができるようになっているようです。不思議なことに、周りに与えれば与えるほど、私が欲しいものが手に入るという幸せな循環が生まれるのです。

逆にクレクレ星人になってしまっている人は、そのマインドを変えない限り、心もお財布も貧しいまま。相手からもらうばかりでなく、まずは自分から歩み寄り、与えていくことが必要だなと思います。

まさに〝与える〟は幸せを得られる「投資」。ただし、この投資ではリターンは求めません。その代わり、笑顔や行動の変化といったお金では買えないものが手に入ります。

「魚」よりも「釣り方」を与えたい

他人に投資するといえば、寄付も含まれるかもしれません。

私もよく寄付をしますが、より重きを置きたいのは寄付よりも人自体への投資です。

最近、ツイッターなどで、お金持ちの方が希望者に現金をプレゼントするという企画をよく目にします。それ自体は悪いことだとは思いませんが、私にはしっくりきません。なぜなら、現金をただあげるということは、お腹の空いた人に魚をそのまま与えるのに等しいと思うからです。

腹ペコの人に魚をあげれば喜ばれるでしょうが、食べてしまえばそれでおしまい。また腹ペコ状態に戻ってしまいます。でも、そのお金で釣り竿をプレゼントしたらどうでしょうか？　その人は魚を捕り続けることができます。たくさん釣ったら売れるかもしれないし、魚釣りのテクニックを誰かに教えることもできるかもしれません。

私にとっては、事業を行うことが釣り竿をあげること。事業を行うことで地元の女性たちに働き口ができます。またその事業の仕事や研修を通して、スタッフが成長のチャンスを得たりスキルを磨いたりする手助けができます。こうして能力を磨いたスタッフたちは、どんどん売り上げを伸ばしてもくれます。

ある経営者の友人は、子供にお小遣いを与えるだけではなく、株式投資のやり方を教えて、子供自身で欲しいものを買えるようにしています。ただお小遣いとして与えて終わりではなく、投資の資金としてお金を渡すのです。

どちらも魚（お金そのもの）ではなく、釣り竿（お金を生む術）を与えることで、自分自身も相手も末永く幸せになるようにしています。

人に〝与える〟といっても方法はさまざま。あなたがもしこれから社員を持ったり、お子さんを育てたりするときは、目先の幸せではなく、将来を見据えて〝釣り竿〟を与えてくださいね♡

「お金がすべてじゃない」が言えるのはお金持ちだけ

「自分のために贅沢してもあまり幸せじゃない」「他人に有効的にお金を使いましょう」なんて書くと、「やっぱりお金がたくさんあっても幸せじゃないんだ」とか「お金がすべてじゃないよね」と思う方もいるかもしれません。

でもね、それは違うんです。

「お金がすべてじゃない」というセリフは、お金を得た人しか言ってはいけないセリフ。

お金がない人が「幸せはお金じゃ買えないよね」なんて言っても、負け惜しみにしか聞こえません。一度も男性と付き合ったことがない女性が「恋愛がすべてじゃないよ」なんて得意げに言っているのを目にしたら、思わずツッコミたくなりませんか？

一時期、「深い」と話題になったビートたけしさんの名言のなかに、「どんなに高いワインより、喉が渇いたときの一杯の冷たい水のほうがうまい」「お袋が握ってくれたオニギリよりうまいものはない」というものがあります。

これだって額面通りに「高級なものより真心だよね！」と捉えるのは大間違い。彼は大金持ちで、それこそ高級ワインも贅沢な食事も山ほど味わってきたはず。そのうえで言うからこそ説得力があるのです。

お金を得る前から「お金がすべてじゃない」なんて言っていたら、あなたの脳は「お金=悪いこと」と思って、絶対にあなたがお金持ちになるのを阻止してくるでしょう。そういうセリフは、お金持ちになってから言ってください。

「ハイブランドばかり買っていても虚しい。お金は誰かに投資するために使うほうがいい」という私の持論も、山ほどのブランド品を買ってきたからこそ生まれました。

今の私にはシャネルもユニクロも同じファッション。気分によって好きなほうを選んでいるだけで、シャネルが上でユニクロが劣るとは微塵も思いません。同じく星付きのミシュラン店にも行けば、ファストフード店にも行きますが、やはりどちらにもよいところがあると思います。それは両方を体験したからこそ。

これからお金を増やそうと思っているみなさんは、どうか「幸せはお金じゃ買えない」なんて言葉を今のうちから言わないでくださいね。

お金があれば我慢が減る

実際、お金はさまざまなものをもたらしてくれます。お金さえあれば幸せになれるわけじゃないけれど、お金があることで得られる幸せがあるのも事実。

そのひとつが、我慢しなくていいということです。**お金があることのよさは、贅沢ができることではなくて、我慢しなくてすむというところにあるんです。**

例えば食べ物。以前、料理教室に通っていたときにオーガニックの野菜や果物がインナービューティにいいと学んで以来、家で食事するときはたいてい野菜やフルーツです（私も自炊するんです）。それも選ぶのはこだわりの食材ばかり。

でも、オーガニック食材は普通のものに比べて値段が高いですよね。だから、その教室に通う他の生徒さんは、先生の教えを実践したくても、「常にオーガニック食材を使うのは経済的に無理」ということであきらめてしまう人が大半でした。金銭面で我慢をしなくてはいけなくなっているのです。

仕事もそう。今の職場を辞めたいと思っていても、次の仕事が決まらないうちは我慢しようと思う人が多いと思います。でも生活への不安がなければ、きっとすぐ辞めていますよね。

お金があることで、我慢しなくていい状況が生まれるのです。

投資が「自分軸」を強くし、自信をくれる

お金があることのよさでもうひとつ思い当たるのが、「本当の自分らしさ」を取り戻すきっかけにもなるということです。

私の知り合いに、とても美人で、彼になる人は常にお金持ちという女性がいました。彼女はもともとキャバクラ嬢で、本人もそれなりに稼いでいたと思いますが、彼はそれに何倍も輪をかけたお金持ち。

当然、ブランド物をプレゼントしてくれたり、予約の取れないお店に連れていったりしてくれるのですが、彼女はそれに飽き足らず、彼に会うたびに「もっと私にお金をかけて」とばかりにハイブランドのバッグやジュエリーをねだっていたそうです。

そんな彼女も30歳を目前にして、このままではいけないと思ったのか、投資を始めます。かつてプレゼントでもらったブランド物を売却した利益での投資でした。

失敗を乗り越えながらも順調に資産を増やし、彼女は立派な投資家になっています。と

りつかれたようにハイブランドを買い漁っていた姿は影も形もなく、真面目な男性と結婚し、お子さんにも恵まれ、GUを着て毎日が幸せそうです。

「彼に贅沢させてもらっていた頃は、他の子よりも自分のほうが上だと思わせたくて、とにかく高価なものが欲しかった。自分がすごいことを周りにアピールしたかったし、周りの女の子からたいしたことないって思われたくなくて必死だった」。

彼女はそう振り返って話してくれました。

人は、自分に自信がないと高価なものや権威で自分を飾ろうとします。彼女は自分自身でお金を増やすという体験を通して、自信を手に入れたのでしょう。今は他者からの評価なんて気にせず、見栄や変な競争心からも解放されてとても幸せそうです。

お金があることで虚飾にまみれる人もいれば、虚飾から解放されて自分らしさを取り戻せる人もいる。だからお金があることは、決して捨てたものではないんです。

日々の生活を少しずつ快適にするのが一番パフォーマンスが高い！

先日、知り合いの経営者と、「お金持ちになったなぁと実感したのはいつか？」という話で盛り上がりました。

彼の答えは、「丸亀製麺のうどん（３００円）を食べに、往復タクシー（２０００円）を使えるようになったとき」だそうです（笑）。

その気持ち、私もわかります。シャネルを着ているときより、むしろ身近で些細なことを変えたときのほうが、よりリッチさや心の余裕を実感できるんです。

これからあなたが投資で毎月利益を得るようになったとき、それを「50万円のバッグ」や「1回10万円のディナー」に使うのもいいのですが、もっと豊かさを感じられるのは、日々の生活にあるさまざまなことのグレードを上げてみること。

じつは、お金は〝ポイント使い〟をしても「リッチになった」とは感じにくいものなのです。

例えば、ずっと同じワンルームに住み、いつも電車かバスしか使わない女性が、月に1回、セリーヌのバッグを持ってジョエル・ロブションに行くようになったからといって、豊かさを感じられるでしょうか？

それだったら、移動を毎回タクシーにするとか、スーパーで買うお肉を外国産から国産に変えるとか、今より家賃が5万円高いところへ引っ越すとかのほうが、些細なことのようでいて、より豊かさを感じやすいのです。

満足感の高いお金の使い方

じつは私自身、月の半分以上を旅先のホテルで過ごしているので、自宅はそんなに広くなくてもいいと思っていたのです。でも、愛犬と暮らすようになって、彼女が元気に走り回れる家がいいと思うようになり、同じマンション内で家賃が3倍するお部屋へと引っ越しを決めました。

すると、私自身にもとてもいい効果が！　お部屋が快適だからこそ、思う存分リラックスできるようになり、以前より格段にＱＯＬ（生活の質）が高くなったと実感する日々なのです（結果、仕事のパフォーマンスも上がり、また収入が増えました）。

家賃を5万円上げるなら、そのお金でちょっと背伸びした高級品を購入したり、豪華旅行にでかけたりと、普段とは違うことをしたいと思う方もいるでしょう。

もちろん、それはそれでいいのですが、**「日常」をグレードアップさせるようにお金を**

使うのが、もっとも豊かさを感じるための秘訣です♡

そういうお金は、精神的にも肉体的にも、あなたをよりよい状態へと導いてくれるはず。

お金は幸せになるための道具です。せっかく手にしたお金があるなら、あなたがより幸せを感じる使い方をしてもらいたい。

散財をしてきた私ですが、だからこそ言えるのは、非日常のためにパーッとお金を使ってしまうのは、お金を使っている割には満足感が得られないということ。

お金の賢い使い方としては、

●自分のためだけでなく、他人のためにも使う

●1点豪華主義より、日常的なことをグレードアップさせる

この2点をオススメします。

日常を「お金持ち」にすること、ぜひ実践してみてくださいね。

私は投資のノウハウを使って、高額なセミナーや講座を開いたりはしません。セミナー講師ではないし、好きなことをして生きていくために投資をしているだけなので、お金のために自分の時間を割いて働きたくないからです。

ただ、10代の頃から、何かしらのSNSを通じて情報は発信し続けてきました。結婚したときも、離婚したときも、投資を始めたときも、ずっと身の回りのことを発信し続けていたら、それを読んで行動を変えた方たちから感謝のメッセージをいただくようになりました。

それがとても嬉しくて、今でも欠かさずSNSでの発信は続けています。そして、もっと多くの女性に選択肢の多い人生を歩んでもらいたいと思い、今回、本を書くことに決めました。

女性は誰でも輝く資質と権利を持っている！

それが私の持論です。

その資質と権利をめいっぱい享受するのに力強い味方になってくれるのが、投資のスキル。諭吉さんにお金を生み出してもらえるようになれば、女性がいきいきと人生を送るための強力なアドバンテージになります。

でもそうお伝えしても、なかなか一歩を踏み出せない方もいらっしゃるでしょう。たしかに、挑戦すると傷つくこともあります。

私は、周囲からは「現状のままでも経済的には十分満足な生活でしょう？」「もう働く必要はないんじゃない？」と言われることがあります。でも、現在も毎日のように新たなジャンルに挑戦を続けて生きています。

なぜ挑戦をやめないかって？

それは、人生はサプライズとアメージングの連続だから。常に挑戦を続けていると、何度も壁にぶつかるし、一瞬、後悔することだってあるし、自分の無力さに悔しい思いをすることだってある。〝やらない〟って選択をするほうがラクだなと思うこともある。

だけど、「現状維持＝衰退」と思うので、ノーブレーキで前進し続けたいのです。

これを読んでいるあなたも、困難が待ち受けているとわかっているから、行動しないという選択肢を選ぶこともあるかと思います。

だけどね、人間の強さは、そして私の強さは、弱さから生まれてくるのです。

人生、勝ち続けて変化をしてきたわけではなく、負けを経験して強くなっていく。

だから、壁にぶち当たることもあるけれど、何度だってその壁を壊して、失敗も挫折もプラスに変えて、レバレッジを効かせて勝ち抜いて——そうして、その先にある世界を見たい。

挑戦ってすごくエキサイティングだと思います。だから誰に何と言われようと、私は挑戦をやめません。

いつだって、勝負しているのは自分自身です。隣の人でもライバルでもありません。あなたはあなたと勝負をしているのです。

もしも、あなた以外の人があなたの夢を笑っても、否定しても、あなただけは自分自身を信じてあげてください。

幸せは、幸せになりたいと挑戦を続けている人のもとに訪れます。その過程でもたらされた失敗や挫折はあなたの財産です。決してムダなことではありません。

勝負の結末は、「負けたら終わり」じゃなく、あなたが「やめる」と判断したときに終わるのです。

かの有名な哲学者プラトンもこう残しています。

「自分に打ち勝つことは、勝利のうちでもっとも偉大な勝利である」

本書を読むだけでは、経済的豊かさにはつながりません。

まず、あなたが「経済的に豊かになる」「幸せになる」と決断して、あなた自身に約束してください。そして、すぐに行動してください。

失敗も挫折も待ち構えているでしょう。でもそれを乗り越えて、あなたが決断して行動した先には、あなただけが見ることができるアメージングな世界が広がっているはずです。

3年前、私は自分が会社を持つなんて想像もしなかった。

5年前、自分が投資家として生きていくなんて夢にも思わなかった。

どちらも、やるまでは難しいことだって思ってた。だけど一歩踏み出したら、私でもできるんだってわかった。そしてそこにはアメージングな世界が広がってた――。

どんな偉大な業績も、スタートは小さな一歩から始まります。

この本を読んで、「あぁ勉強になった」と思うだけでは何も変わりません。

今日のあなたの行動が、明日のあなたへつながります。その日々の積み重なりが大きな変化をもたらすのです。


ここまで読んでくださったあなたに、私からあなたへひとつ、課題を出させてください。

本書を読み終わった今日この日から、あなたが「始めること」と「やめること」を、ひとつずつでいいので決めてください。そして、それを「宣言」のスペース（219ページ）に書いて、自分自身に宣言してください。

「すぐに100万円を投資する」なんて大きなことでなくてもいいのです。

「今日から家計簿をつける」とか「テレビをクローゼットに押し込む」といった小さな一歩でいい。

本書を読んだ多くの女性が、今日この日から一歩を踏み出し、望む人生を得るために動き出すことを、そして投資とお金がそんな〝がんばる女性〟の頼もしい味方として存在してくれることを祈っています。

投資家となったあなたに会える日を楽しみにしています♡

最後に、本書の執筆にあたり、ご協力いただきましたヴィーナスマネークラブの会員のみなさま、並びに運営の吉永美奈子さんには、深く感謝申し上げます。

2021年1月

深田彩乃

宣言

Statement

Profile

深田彩乃

Fukada Ayano

1986年生まれ。群馬県出身。

投資家。実業家。女性向け投資スクール【ヴィーナスマネークラブ】代表。

会社員だった27歳のとき投資に出合う。突然の離婚により無収入状態となった31歳より本格的に投資を開始。現在は、国内外問わず、エステサロン・飲食店・サプリメントなど事業への出資を中心に幅広く投資をし、生活はすべて投資の利益でまかない、自由なライフスタイルを実現している。どんなときでも自由に豊かに生きるために、選択肢の多い人生を送ってほしいという理念のもと、SNSでの発信を続けている。代表を務めるヴィーナスマネークラブの会員数は全国で300名超。投資で成功するのはもちろんのこと、“女性の幸せ”にフォーカスし、女性にとって一番大切な“自己投資”もできる場として人気を博している。

website: https://venusmoneyclub.com
Instagram: ayano_fukada

投資女子
自由に、可愛く、リッチに生きる

2021年1月12日　第1刷発行

著者　深田彩乃

発行所　ダイヤモンド社
〒150-8409
東京都渋谷区神宮前6-12-17
https://www.diamond.co.jp/
電話　03-5778-7235（編集）　03-5778-7240（販売）

ブックデザイン　藤崎キョーコ
DTP　アーティザンカンパニー株式会社
制作進行　ダイヤモンド・グラフィック社
編集協力　村松千絵（クリーシー）、藤村美穂
印刷　加藤文明社
製本　ブックアート
編集担当　花岡則夫、寺田文一

ISBN 978-4-478-11223-6

本書は投資の参考となる情報の提供を目的としております。投資にあたっての意思決定、最終判断はご自身の責任でお願いいたします。本書の内容は2020年12月8日現在のものであり予告なく変更されることもあります。また本書の内容には正確を期する万全の努力をいたしましたが、万が一の誤り、脱落等がありましても、その責任は負いかねますのでご了承ください。